寧人回憶錄：臺灣精神病院裡的白色恐佈政治犯老頑童

*編按：本書為寧人手稿，由編撰小組打字、依時序編輯與加注腳。寧人表示該手稿內容除本人追憶，尚依國家發展委員會檔案管理局提供之寧人檔案，以及吳佩儒二〇二二年三月十六至十七日訪談寧人之逐字稿（部分內容發表於吳佩儒，二〇二一《看不見的白色恐怖：再現身心障礙者與人權博物館》，東吳大學碩士論文，臺北市：未出版）補述。為使手稿內容益加完整，編撰小組且摘錄部分吳佩儒訪談逐字稿，以及國家人權博物館拍攝之「政治案件當事人口述歷史寧人紀錄片」（首播日期二〇二三年三月二十六日）腳本內容於本文中，注腳則為使讀者更瞭解寧人經歷之時代背景與社會脈絡。

目次

推薦序

徐偉群（中原大學財經法律學系副教授）

雖然我與寧人前輩相差了二十歲，不過，我的父親和寧前輩的父親一樣，是一九四六年隨國民黨政府來臺的軍人，而且也是江西人，而我則與寧前輩一樣是在高雄左營長大的海軍子弟。我小時候讀的永清國小，前身也就是寧前輩書中所說的海總附小，同學之中也有不少是來自寧前輩所住的崇實新村。因此，當收到寧前輩的大作時，很快地察覺到其中有著一縷瞑瞑中的緣分。

寧前輩是思想犯、政治犯，是叛亂犯。他因為喊「毛主席萬歲，中國共產黨萬歲，中華人民共和國萬歲」，被以《懲治叛亂條例》的「以演說為有利於叛徒之宣傳」定罪；因為在看守所中寫下「槍斃蔣匪經國集團」、「炸掉蔣癩頭鬼湖硬玻璃水晶棺材」而被刑求打斷牙齒。直到一九七〇年那個時代，思想與言論上支持中國共產黨和反對兩蔣國民黨統治都還是同一件事；雖然在今天，前者已不再被視為一種罪。

在當時的許多人，包括眷村人看來，寧前輩因為他的思想言論構成「叛亂行為」而遭罪，並不是統治政權做錯了什麼，國家做錯了什麼。即使如寧前輩所述，在他父執輩這輩人裡早有因為蔣介石的疑心即遭罪的種種事件，寧前輩作為出身外省軍人第二代中，少數反對兩蔣國民黨政權的例外，他的遭罪仍然被許多人，包括眷村人認為是應得的。這許多人，包括眷村人的歷史記憶與對是非對錯的認知，是由將他定罪的黨國／威權體制所形塑。這個影響，直到今天，在我自己的小學同學甚至高中同學群組裡，都還明顯地留存著。

所以，轉型正義的工作之一，就是要指出國家過去這種把人以言論入罪，因為思想言論牴觸威權統治者即施以凌虐等等的系統性侵犯人權的行為是不對的，而且是不法的。讓寧前輩後半生失去自由的軍法判決，在促轉條例立法通過後獲得撤銷，意義即在此。

不過，僅僅是撤銷不法判決，意義還是遠遠不夠。寧前輩的受難人生如果沒有機會被人們真正地看見，那麼，要談對國家不法行為受害人的創傷平復，還離得相當遠。更不要說，寧前輩以及像他一樣不僅受到國家刑事處罰，刑求凌虐，失去自由，更身受精神疾患之苦的政治犯，即，在書中提到的許席圖等仍在或已不在的受難者，他們在被迫與世隔離的療養院所中，至今仍很少被人知悉。

寧前輩的自述不只道出一個人在威權統治時代下失去自由與遭受壓迫的境遇，還帶著我們看到過去未被注意到的軍中強迫勞動的問題，看到在遊民收容所與精神療養院所的不人道待遇，與良善醫療的缺乏，看到遊民與這個社會的關係，以及看見寧前輩這個人。這本回憶錄不僅僅是關於白色恐怖的記憶，它能夠在寧前輩的晚年，在臨床心理師彭聲傑及前促轉會同仁書菱、瀚慧與齡萱等人的協助下獲得出版，彌足珍貴。

推薦序／「寧人」，一位在玉里醫院的政治受難者

陳進金（國立東華大學歷史學系副教授）

寧人，是一位目前仍住在玉里醫院的政治受難者前輩，他的祖籍是中國江西省餘江縣（今江西省鷹潭市餘江區），一九四六年三月八日出生於湖北省朱家鎮（今湖北省荊州市監利縣朱河鎮）。寧前輩出生的一九四六年，正是中國多災多難的時代，剛從抗日戰爭獲得「慘勝」的中國，馬上又陷入國共內戰的年代。在寧前輩出生一個多月後的四月十八日，共軍佔領東北的長春，雖然對遠在南方兩千一百多公里的寧前輩家人影響不大，但隨著戰局變化，國民黨政府節節敗退，寧前輩的父親就帶著家人輾轉來到臺灣左營的海軍基地。

寧人前輩先後就讀海軍子弟學校、高雄中學初中部、左營中學，一九六四年從左營高中畢業後進入海軍士官學校，隨後又考取陸軍官校專修班十四期，結業後分發陸軍五十一師任排長。一九七三年，寧前輩離開軍職，從事餐飲業；後因公然發表「中國共產黨萬歲，中華人民共和國萬歲」等言論被捕，判刑四年。服刑期間，寧前輩產生幻聽症狀，在獨居房牆壁上書寫「槍斃蔣匪經國集團」、「炸掉蔣癩頭鬼湖玻璃水晶棺材」等文字，經精神鑑定，診斷為妄想型精神分裂症（今思覺失調症），送往玉里養護所（今

衛生福利部玉里醫院）。一九八五年刑滿開釋，再度因「以演說、文字、圖畫為匪宣傳」被捕，因心神喪失被判無罪，送往高雄遊民收容所收容。之後，前輩被安置到高雄的良仁醫院，二〇〇〇年五月一日脫逃至玉里火車站流浪；九月十一日，再度回到良仁醫院，二〇〇七年十二月二十五日，寧前輩由良仁醫院轉至玉里醫院，他在良仁醫院大約待了十八年左右，在玉里醫院前後則超過二十一年。二〇二一至二〇二二年，國家人權博物館完成寧人前輩的口述歷史影像紀錄片；二〇二三年十月，法務部也撤銷寧人前輩的有罪判決，玉里醫院代為申請補償。

這本《寧人回憶錄：臺灣精神病院裡的白色恐佈政治犯老頑童》是根據寧人前輩手稿，重新由編輯小組打字、依時序編排與增加注釋而完成，這應該是第一本由一位患有思覺失調症的政治受難者前輩所書寫的回憶錄，已經深具重要意義。其次，這本書的內容也反映了隨著蔣介石政權來到臺灣部分外省族群的生活景象，他們不是「高級外省人」，而是跟大部分臺灣本地人一樣必須為生活打拼，寧人前輩曾經跑遍全臺灣工業區，也曾在中西菜餐廳、大飯店、夜總會工作過，甚至經營過行政院與立法院的餐廳。不過，工作的不順利，讓他總是借酒澆愁，而有了酒癮；也因為喝了酒而大罵政府，而多次遭到逮捕，身心都遭到禁錮。

再者，這本書對於早期的玉里養護所、高雄遊民收容所與良仁醫院的安置與管理亦有所描述，例如書中提到寧前輩於一九八二年至一九八五年在玉里養護所期間，院方的日常管理雖然像在軍中一樣，但仍然有育樂：如籃球、羽毛球、桌球，也會提供書報、雜誌供人閱讀，以及旅遊活動如：逛玉里夜市、光復泡溫泉、花蓮一日遊等。又如他在良仁醫院因手腕橈骨骨折而被捨近求遠送到屏東醫治，複診時又被送到不同醫院診治，導致後來難以書寫文字的後遺症等不人道的對待。

更重要的是，寧前輩在這本書披露了他在玉里醫院接觸過的一些政治受難者前輩，書中他簡單介紹了彭道淋、許席圖、孫光炎、侯曾植、李賀林與王林等人，同時還提到：陳新、鄧永龍、林建良、張明德、王競雄、余洪興、張玉才、錢炳安、陳炳庭、方菁與孫慶玉等人。[1]這份名單不僅再度證實玉里醫院曾經提供給警總、國防部與調查局轉送「政治犯」，同時可以讓學界針對上述名單加以探討他們的生命故事，這是本書的另一貢獻。

這本《寧人回憶錄：臺灣精神病院裡的白色恐佈政治犯老頑童》雖有上述重要意義與貢獻，但因為寧人前輩患有思覺失調症，因此部分內容仍須進一步查核。例如根據寧前輩回憶錄記載，他在一九六九年部隊移防至臺中大甲鐵砧山時，曾去桃園訪友喝酒後，大罵「反攻無望，臺灣的蔣經國集團沒有前途，中共的軍武是世界最強的」等言論，因

1　根據筆者研究，名單至少還有王永根、王天祝、王繼祖、王才興或王渠興、彭興茂、吳正寬、徐傳薰、張明德、柯明篡、石健成、黃樹琳、蔡健榮、李國民等人。參閱陳進金（二〇二一）《空間・記憶・歷史：戰後東臺灣的政治監獄》，新北市：稻鄉，頁八十九、九十一、九十三。

此遭憲兵逮捕後被判刑。但是，根據判決書記載，寧前輩是因犯盜取財物及擅離職守，被分別判處有期徒刑一年及一年六個月，合併執行兩年四個月；判決書完全沒有提到關於「反攻無望，臺灣的蔣經國集團沒有前途，中共的軍武是世界最強的」等言論。以一九六九年前後的臺灣政治氛圍，寧人前輩的相關言論，應該難逃重刑；當時較為重要的政治案件有：一九六八年陳泉福等「臺灣大眾幸福黨案」、一九六八年崔小萍「崔小萍案」、一九六八年陳映真等「民主臺灣聯盟案」、一九六八年柏楊「大力水手事件」、一九六九年許席圖等「統中會案」、一九六九年陳中統「陳中統案」與一九六八年李義平等「山地青年團」案等。因此，寧人前輩若在當時發表「反攻無望」等相關言論，為何能夠免以被判處重刑，值得探討。

又如，寧前輩回憶錄提到一九八〇年到臺北找老朋友周明祥時，他在永奇自助餐碰到臺北工專學生，因喝了酒而而提到：「民國十年，若沒有非凡大總統孫文的批准，就沒有七月一日老共上海建黨。」之後他又高喊：「毛主席萬歲，中國共產黨萬歲，中華人民共和國萬歲！」而被臺北市警察局偵三科送保防科關押在拘留所一事。事實上，毛澤東已經於一九七六年過世，為何到了一九八〇年還在高喊「毛主席萬歲」呢？而且文中所說的「若沒有非凡大總統孫文的批准，就沒有七月一日老共上海建黨」，也與歷史事實不符，讀者不能盡信。

曾經住在玉里醫院的政治受難者中，以許席圖前輩的生命故事較為人所熟知，至於其他受難者則鮮為人知，本書的出版則將增加一位被大眾所知的寧人前輩。因此，最後我想要特別提到本書的編輯小組，寧人前輩的原始手稿內容稍嫌凌亂，幸賴編輯小組參考了許多文獻、補充官方檔案資料，也按時序順了文字，讓本書的內容更具可讀性，編輯小組的努力與用心應予以高度肯定。

透過本書的出版，也提醒我們一個嚴肅的議題，玉里醫院不是「監獄」而是一間醫療院所；因此，在戰後臺灣白恐的研究中，一直是被遺忘的場域。但是，玉里醫院曾經是白恐受難者的棲身地，則是不容爭辯的事實，這些受難者是否真的患有思覺失調症？他們被移往玉里醫院前發生什麼事？移往醫院的歷程以及在醫院生活的情形又如何？總之，他們的生命故事需要有人來書寫，這些都是戰後臺灣白恐研究的重要拼圖。是以，值得投入更多的人力與物力來紀錄住在玉里醫院政治的受難者，而本書的出版已經踏出了第一步。

二〇二四年六月四日　識於東湖畔

推薦序／為戰後精神醫學及政治史施作點畫：讀寧人回憶錄

吳易叡（國立成功大學不分系學士學位學程副教授）

作為一個當代醫療史的學者，我所關注的研究主體和書寫方式，經常會被認為「不夠歷史」，原因是離史料距離不夠遠，以至於評價的角度可能不夠客觀公允。但更具挑戰性的是初級資料的遺漏和闕如，以致於完整史觀不容易勾勒；頂多只能呈現某一種資料的觀點。如果當代史又涉及醫療倫理和政治事件，那不僅歷史地景難以捕捉，更會牽動其遺緒和當代效應的形成，不可不嚴肅面對。

精神醫學史作為科學、醫學史的一環，最大的特色便是自始必須強調它的政治性。在精神醫學的身心二元理論、各種療法出現之前，規模不一的社會單位面對「失序」者所祭出的處置手段，從中世紀伊始出現的驅魔、監禁到人身自由的剝奪，到近現代國家乃至於科學體制對於身體的物理性、化學性規訓，沒有一樣不是複雜的政治問題。而當監禁的本身又牽涉特定政治案件，評價此類醫療「事件」，甚至「醫療」的本身，則更需要謹慎解讀。

玉里，是臺灣本島繁榮的對角線。筆者在醫學史修業期間曾經在當時仍為衛生署立玉里療養院短暫任職。雖然當時的研究和這本書所呈現的內容並無直接關聯，但也難免聽聞醫院從養護所時期至今，曾經收治過的政治犯。但十幾年前除了零星報導所提供的稀少軼聞，並沒有更多證據有助於史實的尋索。重點是，就算證明了有哪位政治犯在此收治，也無法將其上綱為「醫學為政治服務」的憑據。也因此過去十多年來，就算學者和研究生想要打開潘朵拉的盒子，也都無法不面對「然後呢？」的掣肘與辯論。

三年前，《政治檔案會說話：自由時代公民指南》的出版，為精神醫學與政治案件的歷史提供了一套指南。[1]然而，在書的第八章，中研院臺史所林正慧研究員提供了臺共首腦蔡孝乾在臺大醫院的住院證據。全彩印刷讓史料比「白紙黑字」還要罪證確鑿，但史料中主人翁的住院紀錄卻仍然是保密局偵防組組長谷正文的墨跡，並非醫院病歷。因此「精神醫學」到底對蔡孝乾做了什麼事？依然疑點重重。筆者曾經在一篇書評中以冒險電影中「撬開古墓石棺」的比喻，說明檔案打開之後可能召喚出上至國家安全，下至個人名譽危機的後果，但遠比個人咎責更重要的，是詳加描繪加害體系的社會結構本身，以及附著於社會結構的政治、科學、道德信仰體系。[2]也因此，史觀的完整絕對不能依賴某份檔案的浮現，而必須運用漸次出土的資料開啟關於受害者證言以及加害體制的歷史研究。

---

1 陳進金、陳翠蓮、蘇慶軒、吳俊瑩、林正慧（二〇二一）《政治檔案會說話：自由時代公民指南》，臺北市：春山。

2 吳易叡（二〇二一）〈撬開古墓的石棺，然後呢？——讀《政治檔案會說話》〉，《台灣人權學刊》，第六卷第二期，頁一六五－一六九。

東華大學的陳進金教授，三年前在《空間、記憶、歷史：戰後東臺灣的政治監獄》一書初步勾勒出玉里醫院「關押」政治犯的輪廓。[3]不過礙於官方檔案稀少，以及大部分被框記人士高齡或是精神狀態已無法進行口述歷史，除了羅列名單，書中並未對被他們做更深層的剖析。此外，雖然玉里醫院有其特殊性，但將其置入「政治監獄」的框架中，可能也會忽略精神病「犯」在複雜的戰後歷史中進入養護所的迂迴過程，和強化機構作為迫害者，弱化精神醫療本身的療癒本質。於此同時，中研院的巫毓荃和筆者皆有不同研究產出，討論戰後臺灣精神醫學的形構之中，專業、國家、外援和民間醫療之間的各種競合關係。他們所亟欲解決的問題，不見得是醫療的，也不完全是政治的。[4]更精準地說，是在不同社會發展時期被各種歷史的行動者認為或想像，可以用醫療去解決的課題。

而具有政治犯、精神病患雙重身分，這本回憶錄的出版，有什麼樣的歷史意義呢？首先，主述的寧人以自陳方式呈現回憶。和口述歷史所面對的問題一樣，如果經驗零星，則無法忽略陳述者的主觀性。但就算蒐集了完整的口述歷史，仍然無法直接說明威權社會對於異議份子言論和行為的「病理化」機制。畢竟在一定規模的母群中出現一定比例精神失序的人，是很正常的。若以戒嚴時期超過兩萬件軍事法庭的政治案件數量來計，

3 陳進金（二〇二一）《空間、記憶、歷史：戰後東臺灣的政治監獄》，新北市：稻香。

4 巫毓荃（二〇二二）〈專業、國家、美援與民間社會：1945-1970 年台灣的精神醫療〉《新史學》，第三十三卷第三期：頁八十七－一五〇。Wu, Harry Yi-Jui (2020). Psychiatrists' Agency and their Distance from the Authoritarian State in Post World-War II Taiwan. *History of Psychology* 23(4), 351 - 370。

超過十四萬人的直接受害者當中，應該至少有千人上下的精神受苦者。或許更應該關注的是，這麼龐大的母群當中，為何只有不到二十人有紀錄？又為何大部分人無法獲得精神醫療的資源？

戰後臺灣的精神醫學發展在亞洲雖然算早，卻也面臨著城鄉發展失衡的問題。在後山所建立的機構，更無法以學院派的臺大或是重點城市中發展的精神醫療院所等同視之。在醫療專業尚未成熟的都會近郊，甚至在偏遠的東部，心理健康以及精神醫學的基礎建設不論軟硬體都不完整。出現在寧人自傳裡的三重養和醫院、三軍總醫院、臺大醫院、臺北市立療養院、和平醫院、仁愛醫院，與其強調它們專業程度不一、收治標準迥異，甚至有些出現違反人權對待情形，不如著眼於寧人作為失序者在臺灣近現代國家發展過程中不斷被社會排除的過程。而不同機構基礎建設的優劣，事實上也呈現出國家與民間之間、城鄉之間、不同意識形態及價值之間，精神醫療專業發展不一致的過渡特性。他們無法代表殖民地建設的高度進步，更無法代表戰後社會所強調的去殖民性。

閱讀寧人的自述，他在記憶中對於手中資產來往的細節相當清楚，像是「四十個韭菜水餃、一碗中酸辣湯、兩瓶紅露酒、兩包金馬菸」，對於不同精神機構中的工作人員名字也是如數家珍。很顯然，是生命被剝奪者的敘事特性，不斷地重複點數身上擁有的有限物質，與流連於機構之間所一再遭遇的面孔。雖然寧人曾經受過幻覺干擾，但他的症狀是否到達長期收治的標準？仍然是難以釐清的問題。打過各種零工，獲致各種生活技能，一輩子堅信國民政府反攻無望，一有機會便上街高呼毛主席萬歲，堅稱中共路線合法性，許多在不同社會被關押至精神機構的「患者」，都不是因為思想的混亂，而是難以動搖的執念。

從成長經驗開始，到機構生活的回憶，這本書還有一個其他史料都無法呈現的價值，便是「第四單元：一個精神療養院住民的紀錄」。雖然仍為斷簡殘編，但至少帶領讀者窺見一個失序者的生活世界（Lifeworld）。探究精神醫療史時，我們經常執著於診斷依據、治療慣例，卻往往忽視了圍繞著受苦主體的物質條件、信仰資源，和對自己處境所作出的解釋。跳開理論和工具理性的邏輯，這部難得的作品讓人能夠初步掌握一個對於院民自己有意義的真實世界。

礙於社會結構的壓迫和時代緘默的特性，「見證」作為轉型正義的一環，受害者的自陳是最難獲得的史料之一。曾任職於促轉會的心理分析學者彭仁郁強調，心理學介入政治暴力創傷的工程複雜而多元，由於涉及想像共同體的重建，必須修復的關係也錯綜而多重，需要心理學不同次學科之間的跨域對話。[5]《寧人回憶錄》此類少見的完整自陳，更有助於釐清社會學者林傳凱所言：「無辜與受害之間的張力，以及『傷』在臺灣在地

5　彭仁郁（二〇二二）〈「不要碰政治」？——轉型正義療癒工程的心理學介入〉《本土心理學研究》，第五十七期，頁三一—八五。

所呈現的意義。」[6]回過頭來看歷史本身：歷史能不能如心理學一般「拯救」體制的受害者？這個企圖或許過於龐大，但寧人的記憶卻的確是臺灣戰後集體記憶的一環。面對戰後精神醫學與政治史的斷簡殘編，史料就如同E. H. Carr說的「蒼茫大海中游過難以接近的魚」。歷史學者能抓到什麼魚有時取決於機遇，但更重要的是取決於選擇在大海的什麼地方釣魚、使用何種釣具，更重要的是想要釣到什麼魚。也因此，什麼人曾經是政治犯，又收治在哪間醫院裡，雖然同等重要，但卻可能不是我們應該過度執著的細故。否則，我們依然在風雨如晦的現實中浮沉，迷茫於混濁的大海。

這部回憶錄的付梓，為戰後臺灣精神醫學及政治史，補足了一小塊拼圖。然而在史料可能永遠蒐藏不齊的狀況下，我們依然得繼續說故事。這塊拼圖就好像點畫派（Pointillism）圖畫中的一小點墨彩，每一道筆刷都必須用心繪製。雖然可能沒有填滿帆布的機會，但有一天，真理的圖像會逐漸清晰。

6　林傳凱（二〇二二）〈再思臺灣脈絡中「政治受害者」與「傷」的本地意涵〉《本土心理學研究》，第五十七期，頁一〇三－一一八。

推薦序／我們需要從個人到集體家國的政治暴力創傷療癒

彭聲傑（臨床心理師）

當代的臨床心理學和精神醫療會如何看待寧人的「政治暴力創傷」？又「政治暴力創傷療癒」是可能的嗎？

我曾經調閱寧人三十六歲，第一次因為獄中幻聽、蔣癩頭事件被毒打，後續絕食抗議被三軍總醫院診斷為「妄想型精神分裂症」而送至玉里養護所時期的病歷，以下內容皆引自寧人的養護所病歷。

首頁註明他是民國七十一年二月十五日，由臺灣警備總司令部送來。入院原因：呼反動口號、傲慢、不合作、激動、有自殺企圖。入院精神狀態：表情平淡、多疑、聽幻覺、無病識感。診斷：妄想型思覺失調症。預計安排藥物和電擊治療。至七十四年一月十三日出院時，主治醫師在「治療未進步」的欄位如此勾選。

七十一年二月十五日開始由護理人員書寫的「病情進行紀錄」，則簡易記載他的日常作息、意識狀態、精神症狀的變化和人際、情緒的觀察；他從起初的拒食到開始用餐，曾因幻聽和坐立不安的難受，多次要求打針（醫師數次提供 Valium 煩靜錠 1amp 注射），至該年年底，他的意識和情緒都已穩定、態度友善，能協助病室的清潔工作，後被轉至慢性的療養病房。

・因受不了幻聽割腕自殺被救回

隔年六月一日，他被監護員帶到護理站，哭著說他吃大便了！不想活了！同時跪地求饒表示要打倒鄧小平跟想家，表示有幻聽說他是精神病，持續哭鬧不止；六月十二日他的情緒欠穩，早上十一點割腕自殺，傷口血流不止，他大叫：「不要救我！我不想活了！我受不了了！」後經注射 Thorazine（抗精神病藥）跟縫合後轉急性病房治療。

如寧人受訪時說的，因為幻聽太吵了！他受不了了！才想要自殺。六月二十一日，他願意接受ＥＣＴ[1]（電痙攣療法，或有人翻譯成電擊休克療法）；六月二十三日，他表示「感覺做了二次電療幻聽較少，但說真實的還是想自殺，活著好像在活地獄裡一樣，常有幻聽干擾。」六月二十四日，他一直強調自己的記憶力減退，且還是有幻聽干擾。六月二十五日，他在會談中表示，幻聽從被關在（看守所）的一個小房間內，自己顯孤單，四周皆是踢、敲打、吵雜聲、不斷向自己湧過來……簡直難過死了，後續因絕食而被送來此處，而那些吵雜聲，如今轉換為男女混雜包括家人的聲音。

1　寧人於七十二年六月二十一日至七十二年七月十五日之間，以每週三次電療的頻率，進行了一個月共十二次的電擊休克治療（彼時的紀錄單上的用詞）。

六月二十九日，他表示電療後，一切好很多，幻聽沒了。七月十四日，護士觀察他對遠記憶比較清晰，近記憶則模糊。七月十五日，他主述耳朵已無人擾亂，以後也不會想自殺了，對醫生告知的不做電療了非常高興。但此時他的記憶力變得很差，七小時後他就忘記醫師的話，反覆詢問工作人員：「真的停了嗎？」八月六日，他依舊有幻聽、自殺企圖、心情不安。

八月十一日，他在庭院大聲吼叫「中華民國萬歲」，說他不怕被處罰，他有罪寧願被拉去判罪，也不願住在這裡受虐待。八月十二日，他再度於庭院大聲吼叫被帶入保護室，他說自己是思想問題根本不應該送來此地的，送往別的地方無所謂，被關在監獄無所謂的。八月十五日，觀察他情緒不穩，喊打倒蔣委員，表情激昂難抑制。八月二十三日，他表示自己的舌頭顫抖、會口吃，要求給予 Artane（緩解顫動的藥）。

最後一筆紀錄停在七十二年九月十四日，他主訴舌頭顫抖，要求入保護室休息，睡不著，要求吃安眠藥。

・關於寧人的精神症狀的延伸討論

以下我僅挑選寧人的「幻聽」、「絕食」、「自殺」跟「被害感」進行延伸討論。

稍早我們已確認過寧人的幻聽跟他進入看守所的高壓相關。過往他仍在社會時，尚有飲酒跟抱怨政府的抒發管道，但入監意味著全然的壓抑和規訓，不僅沒有酒跟口語的宣洩機會，人際關係更是全然的孤立。撐了兩年後，他所有無法對外表達的壓抑和埋伏的情緒，以及期間的政治暴力帶來的各式後延性的精神創傷內容，匯成再也無可抵擋的幻聽[2]現身。

「幻聽」及他不顧一切地爆裂衝撞蔣家權威的「蔣癩頭事件」，成為他在監牢的極限禁聲的條件下，唯一可能的精神自由的出口，縱然要他付出極大的代價，他也在所不惜。

‧無法求生之下，只好「求死（絕食或自殺）」

此外他唯一剩下的可以維持主體尊嚴和意志的行動就是「絕食抗議」。當國家的政治暴力已經從外在，對肉身進行一次次的規訓、毆打、迫害、刑求、死亡威脅，致內在的精神空間也遭侵蝕、坍塌、全面崩潰之後，無法求生之下，「求死」便成為唯一的選項。性情倔強剛硬的寧人，如此選擇了長期絕食，後才出現被送進精神病院治療的另一條路。

2　倘若以精神分析的角度來看，精神醫療視框下的「被迫害妄想」或「幻覺」，極可能是過去創傷感官經驗碎片的爆炸性後遺，是無止盡後延的歷史真實的復返。引自彭仁郁（二〇一二）〈「不要碰政治」？——轉型正義療癒工程的心理學介入〉《本土心理學研究》，第五十七期，頁四十四。

寧人的自殺再次凸顯了政治暴力創傷的後延性(aftermath of trauma)的特徵。當他進入玉里養護所後，所有國家暴力的殘酷經驗已不在外邊，而以無法停止的幻聽、難以自控的情緒激躁，跟侵入式的思考和惡夢、失眠等症狀，反覆不止的出現在他的裡面；當這一切的症狀累積、高張、混亂到一個無可接受（活不下去）的程度時，就是他想要「求死（自殺）」的時刻。

當時的他是經由十四次的電療、高劑量的藥物針劑，途中症狀改善又反覆出現，將近三年的歷程後，他才慢慢脫離這最致死性的「政治暴力的後遺力道」的衝擊。二〇一九年他的幻聽早已控制穩定，他的認知功能、記憶力和生活作息正常，他仍自述「對國旗（國民黨）和白色恐怖沒有調適好……一直在疏導我自己。」[3]可見即使外顯的精神症狀已經明顯改善，他內心尚存「政治暴力創傷」的餘波盪漾。

•為何面對寧人，我們需要「政治暴力創傷知情」的能力？

從上述的紀錄、討論，到寧人接受的現代精神醫療來看，除了藥物針劑有更多的新選項，醫療的照護品質跟共同照護能力有提升外，核心的對治療精神症狀的原則，跟相關的保護約束等處遇措施，其實沒有差別太大。當然現代的精神醫療的人力比，跟擁有

3　引自吳佩儒（二〇二一）〈看不見的白色恐怖：再現身心障礙者與人權博物館。〉東吳大學碩士論文，臺北市：未出版。

完整訓練的醫護職心社的專業團隊，還是勝過往昔許多。但因為「政治暴力創傷」並不在ＤＳＭ－Ｖ的診斷系統中，既有的ＰＴＳＤ（創傷後壓力症候群）的診斷準則，也忽略了暴力創傷對主體人格、關係和存在意義面向的根本衝擊。[4]

對此彭仁郁指出，若我們面對政治暴力的受難者，僅採取ＰＴＳＤ的標準化的病理診斷，我們將只看見各種外顯的症狀，卻忽略這些創傷症狀可能跟當事人所經歷的社會、政治脈絡有關，最終仍化約成一般的精神病患的治療；故我們需要「政治暴力創傷知情」的能力，來突破此項限制，去看見每位受難者背後不同的政治和文化脈絡；去看見個別受難者的存在姿態，協助他的主體性恢復，與他建立好品質的關係是療癒的關鍵（彭仁郁，二〇二一）。[5]

•我們與寧人的政治暴力創傷療癒的關係是什麼？

這五年來，我完整的參與了寧人先生的政治暴力創傷的療癒（遇）歷程。若以創傷療癒學者赫曼（二〇二三）提出的「創傷治療」的三大目標[6]來看，我們在：一、恢復安全感、

4　茱蒂絲．赫曼（Judith Herman）（二〇二三）《創傷與復原：性侵、家暴和政治暴力倖存者的絕望及重生》，新北市：左岸文化。

5　彭仁郁（二〇二一）〈進不了口述歷史的受難敘事〉《白色恐怖歷史工作坊會議手冊》，十一月十二日至十一月十三日，臺北市：中央研究院臺灣史研究所，未出版。

6　同註4。

重建信任關係，二、回顧與哀悼做了基本的努力；但對於三、重建（與自我和社群）的連結，尤其是和社群的連結部分，我們還在很初始的階段。

也許你會想問，寧人的政治暴力創傷及療癒跟我們有什麼關係？我想告訴你，寧人如何被國家、社會、人民對待，反映的其實是我們從個人到集體家國，選擇與「國家政治暴力」間的關係（共業）為何？我們是否想要集體地正視國家的歷史錯誤？就轉型正義的各個面向：還原真相、落實正義、提供賠償、避免再犯的法治設計、追憶紀念，甚至聯合國也尚未納入的「心理創傷的療癒（遇）」予以實踐？

對我而言，寧人前輩就像是個指標，他如實反映了我們國家當前的轉型正義的工程進展，及未來的展望模樣。讓我們帶著寧人前輩留給我們的厚重啟示，一起朝向下一章前進。

我們需要從個人到集體家國的政治暴力創傷療癒。

（本序文所引用的寧人病歷和相關資料皆獲得寧人本人授權同意，特此說明。）

第一單元

我的前半生

一 我的家庭

我是江西省餘江縣人[1]，民國三十五年三月八日出生於中國湖北省朱家鎮。約莫三十五年十月晚一點，我和爸爸、媽媽、小舅舅，才到了臺灣左營海軍基地[2]。

我姓寧，有人叫ㄋㄧㄥˋ，有人叫ㄋㄧㄥˊ。我有三個名字，都是爸爸取的。出生後，爸爸替我取了第一個名字，叫做寧志遠。我爸爸則是源字派，叫寧忠源。因為長江流域源遠流長……但我們家到我這一代就絕種了，我弟、妹也沒什麼後代。

再來是寧折生，不是哲學的「哲」，也不是毛澤東的「澤」，而是夭折的「折」。我這一生多波折，也可以從這個面向得知。

還有寧人，跟顧炎武的字一樣，作為筆名、真名都可以。我來臺灣之後，都沒改過這個名字。這是「息事寧人」的意思，每個人都可以做到息事寧人。

爸爸是江西貴溪師範學院畢業，而桂永清[3]就是江西貴溪人。爸爸讀書的時候，就住

1　現中國江西省鷹潭市餘江區。

2　位在高雄，日治時期即為日本海軍駐地，戰後由中國海軍接收，設有左營港與多個營區。海軍總司令部於一九四九年五月遷抵左營，今稱為海軍鎮海營區；一九五四年後遷駐臺北，但左營基地仍是臺灣最大的海軍基地。

3　桂永清（一九〇一～一九五四），江西貴溪縣鷹潭鎮（現鷹潭市）樓底人，陸軍、海軍一級上將，字率真。

在那邊。他海軍上校退伍，後來在臺北市南陽街維新補習班[4]擔任教務主任；維新很有名氣，大老闆是拿美國綠卡，但實際負責人還是我爸爸。

桂永清是民國前十年出生，跟隨陳儀特首[5]，後來做到接收臺灣的海軍總司令。民國四十三年病逝，享年五十三歲。他病逝後，四十四年大陳島撤退，老蔣懷疑桂永清生前的小團體，一定是共諜橋樑，再加上三十九年陳儀被槍斃，所以對海軍又做了一次安全調查。當時桂永清的家屬想要赴美探視，卻被阻攔和軟禁了，不准他們赴美探視。

我和爸媽、小舅住在海軍崇實新村[6]，家裡有一棵巨無霸的霸王椰子樹，還有種向日葵。我全家都是忠貞國民黨員，從來沒有想要反叛。但我從小就親眼看到家裡被安檢，且家裡的東西都是安檢過、剩下來的，所以我很排斥保防人員。

眷村裡十幾個鄰居，都是桂永清的派系，充滿軍人色彩，也都是國民黨。我們第三代、第四代受到上一代的思想影響，尤其在政治方面，不能直接反老蔣，要生存下去就是靠讀書跟教育，各方面都要比老蔣還要反共；只有我一個人跟他們不一樣。

4　維新補習班位在南陽街，約一九八四年關閉，可參〈南陽街補習班界的老大，徐俊涉嫌倒債潛逃美國〉，《聯合報》，一九八四年二月十四日，五版。

5　陳儀正式官銜為臺灣省行政長官公署之行政長官，並兼任臺灣省警備總司令部總司令。

6　位於高雄市左營區，在日治時期即為海軍眷屬住宅區，東以左營中正路、西以先鋒路與自勉路、北以介壽路為界，南接自助新村。一九四九年設立眷村，安頓自南京、青島、廣州來臺的海軍眷屬。

念海軍子弟學校[7]時，有一些電影明星，像是胡蝶、上官清華、周曼華，到左營基地訪問時還住在我家。

我媽叫寧孫劍青，也曾經捲入匪諜案，自殺兩次獲救沒死。小學時，我媽會叫我到張子和家，抓我爸有沒有賭博。我爸賄賂我十元，叫我不要說，我點點頭答應了。念臺灣省立高雄中學初中部[8]時，我媽跟我說，晚年我爸會老來孤。此外，我爸的手很會流汗，有富貴手。

初三時，因為家裡的床是竹子做的床，我第一次打手槍，竹床響起來，我媽聽到就來罵我，中醫後來給我開腎虧的中藥。

我念左營高中[9]時，爸爸對我生氣時曾罵我鬼東西。左營血盟幫[10]王清寶曾教唆我弟弟偷家裡的東西，被判刑一年；後來我也為了一張身分證被判一年。

高中時，汪建業導師跟大家說：「想加入國民黨的同學下課後，到辦公室報名。」

---

7 屬於軍方自辦的小學，早期只收軍眷就讀。一九四八年由當時總司令桂永清建校於中國南京，一九四九年在臺復校於高雄左營桃子園海軍舊庫房，全名「海軍總司令部附設高雄小學」，簡稱「海總附小」。後在自立新村設「海軍子弟學校第一分校」，稱為「自立分校」，現址位於明德國小西側。一九五〇年增設中學部，一九五一年設「海青初級中學」，一九六一年初中部始對外招生，後擴辦高中部。國防部在一九六五年通令三軍自辦子弟學校移交地方政府，故海總附小在一九六六年八月改由高雄市政府接辦並遷校於高雄市左營區左營大路一號，因紀念桂永清而命名為「永清國民學校」。一九六八年因實施「九年國民教育」，初中部被徵用為代用國中，一九七九年改制為「私立海青工商」，永清國民小學則設於二之二號。

8 現高雄市立高雄高級中學。依寧人手稿，其應在一九五八至一九六一年間就讀雄中初中部。

9 現高雄市立左營高級中學。寧人大約一九六四年自左中畢業。

10 左營眷村內成立的幫派，參與者以北左營眷村青少年為主，成立和興盛的年代，約與寧人兄弟姊妹在眷村生活時重疊。

但我放棄入黨，原因是「旁觀者清」。

我還會去偷雞，我稱之為「偷雞摸狗事件」。因為要偷雞，必須先要把旁邊的狗安撫好，讓牠不要叫，否則雞偷不成，還會被抓。偷雞的手法，是把雞的頭部轉過來，夾在翅膀內。注意要輕一點，不要悶死牠，就會成功。

我大弟寧民，三十七年次，太太李碧也是致理國貿[11]畢業，所以他們結婚以後就是搞貿易。後來他做到臺北南京東路四段黃埔貿易公司總經理，董事長就是我舅公陳松堅[12]。

我妹妹三十八年次，生在老共建國的第一年，名叫寧一。我高中時，偷看我妹的日記，她罵我媽偏心。她從銘傳商專[13]商業文書科一畢業，就到臺北雅典貿易公司當秘書；我沒有參與他們的工作。

我小弟寧心，四十一年次。他是東吳大學數學系畢業，又在輔仁大學數學系深造碩士。他學生時代都半工半讀，後來是補習班的數學名師，大學聯考猜題猜得很準。他從臺北到高雄市的補習班教課，當時來回八百多元的飛機票錢也無所謂。他也在海軍學院和海官做講師，但後來因耳鼻喉科的問題而過世了。

11 現致理科技大學，位在現新北市板橋區。
12 陳松堅，曾任澎湖廳接管委員會主任委員（一九四五年十一月至十二月），二二八事件發生期間為臺北市政府警察局局長（一九四六年四月至一九四七年三月）。
13 現銘傳大學，位在現臺北市士林區。

我的親友鄰居

我外祖父名叫孫雄[14]，日本警官學校獄政系畢業，曾做到上海監獄典獄長，是上海青幫老二（老大是上海市長杜月笙）。在那個很動亂的年代，他很不簡單。

江西有個鄱陽湖，湖的南方是江西餘干縣[15]。祖母從餘干嫁過來餘江，我的舅公陳松堅，是我祖母的哥哥。舅公是日本警官學校警政系畢業，跟陳儀特首來接收臺灣，二二八事件時是臺北市警察局長。

我舅公因為對臺灣人好，老蔣看到就說要槍斃他。

那時桂永清還是很吃得開，就保我舅公，說他怎麼會搞臺獨呢？後來我舅公沒有被槍斃，就撤職查辦，四十八歲就退下來了。初中時，我媽跟我說，依舅公陳松堅的武功，五個人都近不了他的身。他在八十歲（六十八年）時，去十普佛堂當和尚。因為他跟澎

14　可能是民國時期著名監獄學者孫雄（一八九五～一九三九），字擁謀，湖南平江人，湖南公立法律學校畢業。曾任湖南長沙監獄管獄員、代理長沙監獄典獄長、寧遠縣監獄主管、湖南平江黃金洞礦局管理員和湘桂聯軍司令部參謀、江蘇第二監獄分監候補看守長、江蘇第四監獄典獄長、江蘇第一監獄看守長、江蘇省青浦縣看守所所長、上海第二特區監獄典獄長，兼任上海第二特區法院看守所所長等職。也擔任上海法政學院監獄專修科主任、上海震旦大學、東吳大學、持志大學和上海法政學院教授。著有《獄務大全》、《監獄學》、《犯罪學研究》、《變態行為》等，為當時監獄實務參考之範本。

15　現中華人民共和國江西省上饒市餘江縣。

湖籍的舞女同居，生了一個私生女陳秀蘭（臺中靜宜學院[16]畢業），算是我爸爸的表妹。當時住在臺南民族路的舅婆黃惠明不讓他回家，兩個人為了這私生女爭名、不合。

我有兩個舅舅，大舅叫孫孚望，小舅叫孫孚之。

孫孚之臺大哲學系畢業，到中國文化學院[17]專任三民主義研究所（五十六至五十八年），拿了碩士學位。[18]他寫的三民主義教材沒話講，每個補習班都搶著買，也在政大和復興崗政工幹校當講師，猜測大學聯考三民主義的命題非常準。他讀雄中時使用金星鋼筆，我時常把它弄壞。等到我當兵時，也使用金星鋼筆。檢調單位問我為什麼用金星鋼筆？我說因為老蔣是五星上將、麥帥也是五星上將。結果害我差一點坐黑牢。

小舅媽名字是彭瑞喜，不能出國留學，避難在花蓮女中教書。小舅在花蓮女中做到訓導主任，舅媽是教務主任，都住在花蓮女中新宿舍。大表姊孫景美臺大醫學院畢業，二表姊叫孫胡美，三表姊叫孫三三。

我還有一個叔叔寧祖銘，想要偷渡大陸但被抓，六十四年病逝綠島，我大弟以黃埔貿易公司總經理的身分去綠島認屍、收屍。

---

16 現靜宜大學，位在臺中市沙鹿區。
17 現中國文化大學，位在臺北市士林區。
18 孫孚之，一九六九年於文化大學三民主義研究所畢業，論文《求均與致富》。

那時在臺北殯儀館[19]祭悼，我住在臺北安寧旅社，他寄訃聞給我，我心裡想還是不要出面好，因為不利將來，也沒有留訃聞。

我們的鄰居陳兆麟，是第一造船廠[20]的秘書，罹病退休。他的幾個小孩，老大陳寧生，東海大學畢業，當選過十大傑出青年，[21]做到反共世盟亞盟谷正綱[22]的秘書，在中影公司秘書任內退休。他太太是在中國廣播公司做事，崔小萍[23]事件發生後，他為了避嫌而離婚。老二陳建生，初中畢業投考空軍幼校[24]，讀到第四年叛逃，賠了不少錢退學。老四陳桂花

---

19 現臺北市第一殯儀館（一九六五年設立，二〇二四年六月拆除）。此前臺北市的殯葬單位係位於林森公園一帶（新生北路二段與南京東路一段交叉口處），日治時期由臺北市役所經營之日本人專用西式火葬場。戰後則由臺北市長游彌堅推動公營葬儀堂為殯儀館，一九四九年，委請曾擔任上海殯儀公會理事長的商人錢宗範簽定合約，將日治時期葬儀堂及轄下六張犁公墓，無償交由錢宗範永久經營。錢氏改葬儀堂為極樂殯儀館，改六張犁墓地為極樂公墓，且經保安司令部委託，在一九五〇年代處理未經領具的槍決者遺體，並葬於極樂公墓，現尚留存三個墓區，共計兩百餘座墓塚（另有部分墓塚非因政治案件而埋葬），另有一座靈骨塔，置放三〇年代末期至六〇年代政治案件當事人之骨灰。二〇一六年在民間團體、市議員爭取下，三個墓區和靈骨塔登錄為文化景觀，現由臺北市政府民政局殯葬管理處轄管，文化局主管，稱之為「戒嚴時期政治受難者墓園暨紀念公園」。

20 應指海軍第一造船廠，現為海軍左營後勤支援指揮部。

21 應為一九七一年第九屆當選人。

22 谷正綱（一九〇二～一九九三），貴州安順人，中國大陸災胞救濟總會理事長（一九五〇～一九八九，簡稱救總），亞洲人民反共聯盟及世界反共聯盟主席（一九六七～一九八八）。二〇二一年三月二十三日，不當黨產處理委員會認定處分，救總屬於中國國民黨附隨組織，其名下部分財產需移轉為國有，其自成立起至二〇一八年止，共收到政府補助和娛樂場所強制附勸大陸救濟金超過七十一億元。

23 崔小萍（一九二二～二〇一七），山東濟南人，中國廣播公司導播。一九六八年被捕，以「意圖以非法之方法顛覆政府而著手實行」判處有期徒刑十四年，一九七七年出獄。

24 空軍幼年學校一九四〇年成立於四川，招收對象小學畢業生，為六年制的普通中學教育。一九四九年二月一日於屏東東港復校，一九五八年九月擴大招收初中畢業生，施以三年制普通高中教育。於一九七八年結束。

的桂就是紀念桂永清，但是她家的桂圓樹不開花結果，芒果樹也是不開花結果。鄰居張維良是港務局高官，因為走私，被關在新店軍人監獄[25]。

---

25 正式名稱為「國防部臺灣軍人監獄」，成立於一九四七年，原位在臺北市中心青島東路上，與國防部軍法局、保安司令部為同一營區。由日治時期陸軍倉庫房屋改建而成，故所有設備均不合現代監獄標準，最高收容量僅五百名。且及至一九五〇年，收容已逾千人。因此臺灣省政府於一九五一年在當時臺北縣新店撥用土地與款項，國防部總政治部預算局等單位組成「臺灣軍監籌建新監委員會」，負責籌備及建築設計。一九五二年九月建成新店軍監，一九七三年更名為「國防部新店監獄」（又稱明德山莊）。解嚴後，收容一般軍事犯至二〇〇五年裁撤，業務則移交國防部臺南監獄（又稱六甲軍監，其前身為「國防部泰源監獄」，現為法務部矯正署臺南第二監獄）。新店軍人監獄共有五棟長條狀獨棟監舍，分成仁、義、禮、智、信，總容量約二千四百人，採鋼筋水泥建築，平面配置為放射狀。其中仁監、智監專門關押政治案件當事人，也有部分政治犯被關押於禮監。信監為警總軍法處看守所安坑分所，共約十五間押房。二〇〇六年之後為法務部矯正署新店戒治所使用迄今。

軍旅生涯

五十三年，我從左營高中畢業。我們是海軍眷屬，不當軍人能幹什麼？當時大學相當難考，[26]我就沒有考取。海軍的兵單馬上下來了，我就去念了第一個軍校「海軍士官學校電子通訊科」。六個月畢業，分發到東海艦[27]，做下士報務員六個月。

當時鼓勵軍中士官深造，我考取了陸軍官校專修班十四期步科，也就是改制第一期。我們那一期很特別！因為三十六期正期生中尉授階，還有領理學士學位；那一天老蔣主持畢業典禮，蔣經國以學生家長的身分進來，因為他兒子蔣孝勇[28]正好是預備班九期升正期班。我成績優秀，站在臺上領績學獎章[29]。

陸軍官校畢業後，進陸軍步兵學校初級班。六個月後畢業，分配到花蓮縣光復鄉的陸裝師五十一師一五二團當少尉排長。五十一師是輕裝師，排裡面有六零迫擊砲、八一迫擊砲、七五無後座力砲、一零五無後座力砲，還有五零重機槍。五十七年底，從上美

---

26 一九六四年大專聯考，分別在臺北、臺中、臺南和臺東等地共同舉行，錄取率三八．二五%。而二〇二三年，大學錄取率九六．一四%。

27 推測是一九六〇年啟用的東海艦，一九七五年因蔣介石去世，而改名中正艦。

28 蔣孝勇（一九四八～一九九六），蔣經國三男，因食道癌病逝。

29 中華民國軍職獎章的一種，一般頒給學術競賽成績最優者。

崙的花蓮師部移防馬祖南竿四十四隊山隴牛角嶺營區。剛好是八二三砲戰後十年，老共曾揚言十年後再來第二次八二三砲戰，結果他們取消了。我們在馬祖，都沒幹我們的本行，還要去撿空飄的宣傳單[30]。但是連長每天中午都會買紅露酒，請我們幾個軍官喝，慢慢也喝出酒癮。

因為我曾任馬防部防衛司令外勤侍從官兩個月，反共演講得到軍官組第一名，當時開辦馬防部情報師資訓練班，講解大陸軍銜制度取消[31]後，如何辨識對方軍階的課程等等。我在訓練班成績優良，李定中將[32]、情報處長認為我是個人才，便吸收我入黨，派我到淡水忠烈祠旁的情報局深造，是人文情報專科班第一期。[33]

我那時候已經升中尉，上課都穿中尉軍服。[34]人文情報學是學習各行各業應該知道的資訊和技術性知識，例如《厚黑學》、《孫子兵法》、速記、蒐證等，再以實務經驗配合理論做情報工作，需要受訓兩年。雖然我成績不錯，也沒有發牢騷，但他們找我談過鄰居陳建生叛逃的事，老是問東問西的。我覺得照我家的背景，再幹下去沒有前途。黨

30 中華民國政府在一九四九年底遷往臺灣後，會在金門馬祖地區用氣球綁上宣傳品，空飄至中國領土上方，氣球爆破後，勸降的傳單就會散落各地。中共政府也會採取同樣的方式，對臺灣人民進行心理戰術。臺灣人若撿到傳單，應交給警察，不可私藏，倘若受到傳單內容影響，或對外講述傳單內容，便可能成為政治案件。此處寧人指的應該就是中共空飄到馬祖的宣傳單。

31 一九六五年取消，至一九八八年方恢復。

32 李定將軍，第十軍軍長兼馬祖防衛司令部第二任司令官，任期自一九六九年八月十二日至一九七一年七月十六日。

33 可能是指位在淡水忠莊營區的國防部情報訓練班。

34 依檔案記載，寧人以少尉軍階退伍。

證還沒發下來，可能也不會發給我。他跟我講你退訓的話，給你一張修業證書。所以我還是退訓了，拿了張修業證書。

五十八年六月，五十一師整編到二十六師，從馬祖移防臺中大甲鐵砧山。我得知父親經營的永大砂石行，惡性倒閉，父親馬上從海軍上校退伍，利用退休金還債，房子也賣了，否則法院的罰款交不出就要坐牢。當時流行交筆友，也有許多最後結婚的。我第一次參加筆友會在高一，是「康德黎筆友會」。後來又陸續加入了幾個筆友會，交過幾個女朋友，都有來營區找我。排長曾經跟我說：「聽說最近共諜利用筆友會刺探軍情。」我說：「我這個人絕對不洩漏軍機。」

我在筆友會認識未婚妻後，為了婚事，要回家與雙親溝通。也要去桃園大園建國十村[35]岳母家溝通，所以向軍中長官請假。請假未果，但我必須離營，結果軍隊通報我擅離職守。回到家裡，向雙親提出婚事，家中每個人都反對，說門不當、戶不對，而且未婚妻叫陸正瓊，那個「瓊」字太窮了。我從未向未婚妻提過這件事，因為結婚是我自己的事，我自己作主。

我又北上桃園建國十村談婚事，經過臺中水湳，拜訪五十七年從馬祖退伍的同事、輔導官曹黔漢，多喝了幾杯高梁，他的身分證放在書桌上，我拿來擺在口袋，就走了。

35　位在桃園縣大園鄉的空軍眷村，屬於建華村，在桃園機場與空軍機場中間，周圍還有五個村子，分別是建國八村、建國十一村、建國十二村、建國十六村、建國十七村。

雖然建國十村位在大園鄉，但早年交通不便，只能從桃園市區搭客運到埔心後，再走進村子。我去探訪未婚妻三次，還當未婚妻的保人，幫她介紹了剛營運的中正機場的話務工作。

問題都暫時解決了，我也準備回大甲鐵砧山營區。那時候我住在桃園永安旅社[36]五天，第四天在旅社喝冰啤酒，可能被做了點手腳，酒一喝下去就開始發飆，大罵：「反攻無望，臺灣的蔣經國集團沒有前途，中共的軍武是世界最強的！」可能是服務生去通報，憲兵來逮捕，說我逃亡，手銬一銬送到苗栗大坪頂的二十六師師部看守所收押。所長問我：「寧排長你這麼好的學歷，非常有前途，為什麼沒有幹勁？」我說：「反攻無望，大陸統一臺灣有望。」

五十八年下半年初審，判決擅離職守罪一年六個月、竊盜罪一年，合併執行二年四個月[37]。我不服，上訴高等法院。理由是擅離職守不能成立，我有向新上任的石富國連長請假，是他故意刁難不給假。原因是他剛上任，為了連上暴力犯上連署事件，公報私仇抹黑我。還有我拿曹黔漢的身分證也不構成竊盜罪，是他故意放在我睡覺旁邊的桌子上，就外出辦事了。我不知情，也沒有翻箱倒櫃。經過對質，他承認是他放的身分證。假若

36　手稿寫「長春旅社」，陸軍步兵第廿六師司令部判決（59）棟生判字第22號判決書寫「永安旅社」。

37　寧人當時為現役軍人，依軍事審判法規定，由所服役的陸軍師司令部設置的審判庭進行初審，對初審判決如有不服，可聲請覆判，再由陸軍總司令部設置的覆判庭進行覆判。依現有檔案資料，目前僅查得寧人初審「陸軍步兵第廿六師（59）棟生判字第22號」判決，論寧人犯盜取財物罪及戒嚴地域無故離去職役罪，分處有期徒刑一年及一年六個月，合併定執行刑二年四個月。

我構成竊盜罪的話，那他犯了教唆竊盜罪，因為他設下竊盜罪的陷阱，罪比我還重。高等法院駁回重新更審。

但最後的判決仍維持原判二年四個月。因為有一位臺灣兵酒醉後沒參加晚點名，值星班長把他找回來，罰他站在旁邊罵自己一百遍「我是混蛋」。結果他越罵越氣，一腳踢到值星官的下體，把他踢死了。本來判死刑，家人花了一百萬，才改判無期徒刑。結果憲兵老班長群連署說一定要判死刑，要不然他們不服，生命沒保障。結果維持判死刑。判決之後沒幾天，所長跟我說，他後天要執行槍斃，槍斃費五百元，問我要不要去參觀？我說：「不必了，我看了很多槍斃的例子；這個小兵年紀輕輕，而且喝醉酒，給他一次機會，非要把他槍斃不太好吧！」他們就火大了，說我不同情上司，同情臺灣兵。

接著師部政三處處長方上校來看守所看我，跟我談了兩件事。第一件事是馬祖連署事件，我排裡面一位下士副班長醉酒打石富國連長，他還有三個月退伍，敵前地區暴力犯上是死刑。還好他沒有打下去，因為我看到時，叫他不要動手。第二件事，問我有沒有在桃園永安旅社罵政府首長反攻無望？我說有。他又問我現在還有沒有這種看法？我說有。方上校就知道我這個人無可挽救。當然他向軍情局反映後，重新更審被駁回維持原判二年四個月；跟臺灣兵維持原判死刑一樣。

看守所所長跟我說是情報局下條子，林檢察官也把公文給我過目，我就知道這又是軍系內鬥的一個例子，結果毀了我一生。

管訓服刑玩石頭

五十九年離開二十六師師部看守所，轉到力行總隊服勞動刑[38]，我稱為「玩石頭」。一直到六十年十月十日結束，玩了一年十個月的石頭，只減刑一個月，一共玩了四個地方的石頭。

第一個石頭在彰化線西鄉海埔新生地，是現在的彰濱工業區，填海造陸，海堤是用石頭一個一個砌用水泥。一天工時八小時，你提前做完，就可以回來喝酒、賭博，麻將、牌九全部都有。我從來沒有做過這種苦工，那個畚箕特別大，比建築公司的還要大。用畚箕挑沙子，剛開始我都站不起來。

所以我喝酒不是在餐廳工作才開始，是從做工的時候就開始。那時候天天要搏老命，不喝酒哪裡有力氣，水壺裡裝的都是酒，就這樣喝酒喝成習慣。我們做工也沒有好地方

38 寧人經軍法判決確定後，本應送軍人監獄執行，但檔案顯示陸軍直接將寧人等六名已決軍事犯解送「陸軍第一工程作業大隊」參加作業。當時因亟需人力投入風災後災區重建及各項地方建設，行政院指示國防部另訂《軍事犯調服臺灣經濟建設作業辦法》，由國防部直接調撥已決軍事犯參加臺灣經濟建設作業（除寧人口述，依目前查得其他軍事犯陳報成果報告書，投入項目尚有鐵道加強工程、下水道工程、南部橫貫公路工程、海埔堤防工程等），且調服人數以保持一千兩百名為原則，並由陸軍總司令部設置「協建工程管理處」負責辦理相關業務。直至一九七三年，國防部提出「軍事犯承作協建工程，工地分散，管理不易，十多年來不斷發生脫逃，嚴重影響軍譽社會治安，且執行單位對參加經建之軍事犯，重視工作疏於教化，難期達成使受刑人改悔向上之行刑目的，有違現代行刑政策。」才取消此項強制服勞役、剝削軍事犯受刑人勞動力的政策。

住，海風很大，搭了一個茅草房，廁所就是魚塭上面幾個竹竿一架。就這樣在海埔新生地挑石頭、扛石頭、排石頭、撬石頭，每天熱得半死、累得半死，回去就全身無力倒了，也因此養成像遊民一樣隨地而躺的習慣。

五十九年底、六十年初，我媽來看過我。他們開了一輛汽車，裡面還有幾個海軍眷屬。我剛好在海邊挑大石頭填海，填好了一堆地。我媽的汽車只離我五十公尺，你想我媽看到我這樣子的心情會好到哪裡去？回部隊閒聊，她說：「永大砂石廠不行了。」

我說：「知道了。」

第二個做工的地點是雲林縣莿桐鄉，我們在國小教室裡面睡覺，在第九號水門玩石頭。落積和碎石都是一大堆，像兩邊堤岸這麼高，上下的樓梯是用竹子做的，我們要把這些碎石垃圾，耙到畚箕裡面，走竹樓梯上岸再倒出來。

唉喔！有一次我跌下來了，傷了左膝蓋，應該可以不要上工，但是不做工不行，還是要做。他們說你不能挑畚箕，你就坐在地上用耙勾耙到畚箕裡，給他們挑上岸。最後我用米酒和老薑推拿左膝蓋，恢復很快。那一年我真是感慨萬千。

第三個地點在苗栗南庄鄉獅頭山，因為風災，全村都吹垮了，滿地都是石頭，所以我們先清石頭。可是石頭只露出一點點，我們就用橇桿用橇的，兩個隊友和一個司機，兩個上肩、一個站上車，把上肩的石頭丟到鐵牛車裡。一天搞十五個車次才休息。我們住報廢的水泥廠裡，洗澡就在南庄鄉後面的山泉，不用付錢。洗澡隨便洗，哪有用肥皂！

我們就搞得人不像人、鬼不像鬼。

第四個地點是在員林，鎮內有個排水的臭水溝，這更難搞，裡面的淤泥、塑膠袋一大堆。都是靠我們用畚箕，連水、垃圾挑到兩岸，倒出清理。六十年十月十號減刑[39]，我爸前一晚先住在和美鎮的旅社裡，早上八時，領我出來，然後坐公路局的車子回到左營。

39 為紀念中華民國開國六十年，予罪犯更新向善之機，制定《中華民國六十年罪犯減刑條例》。

戰地政務局政務官

回家後，永大砂石行早就倒閉，房子已經賣給別人，生效日還不到。可能是海軍眷村對我家不太感冒的人太多，海軍眷村能借的錢都借了，但我們沒有辦法還給他們。我回去之後，連住的地方都沒有。

那時蔣經國升行政院長，國防部新增「戰地政務局」[40]，所以要訓練一批新軍官。六十一年三月，我就是第一期，有兩百人，還有薪水，算不錯。大家都預官退役，是各行各業的菁英。

我們最主要的工作，就是「打小報告」。我們有自己的軍政系統，看到什麼地方有問題，只要有人、時、地、事、物的證據，無論對方官階再大，戰地政務局馬上辦。

我們學速讀、速記、蒐證之外，還要看《厚黑學》，就是做賊的喊抓賊，殺人的喊救命，抹黑栽贓苦肉計，黑白雙唱，而黑白雙唱都是同行，你還改先唱白的。

那時我做總學員長，帶隊上課、分組討論。三個月下來，畢業時，我做實習副團長，叫我主持會議。上級想試探我對這個上將有什麼新的看法，也看我的忠貞度。例如：有

40　一九六二年三月，國防部即成立戰地政務局；一九七六年改編為總政治作戰部戰地政務的機構。蔣經國則於一九七二年至一九七八年間任中華民國第九任行政院院長。

人發言提及尼克森訪問北平的事情，我就說：「對政府要善意地批評，不要惡意地攻擊。」

一跑遍全臺工業區

我在全臺灣的工業區都做過，包括高雄加工區臺港塑膠公司職員、楠梓加工區皮革工廠領班、桃園山鶯工業區塑膠袋的領班、五股工業區泰益紡織公司品檢課副課長、外銷組組長。

在山鶯塑料廠做領班四個月，不能做下去，因為我有肺氣腫。工人宿舍也不能住，正好我有個同事領班，他問我：「現在住哪裡？」我說：「沒有。」他說：「小寧，住我那裡好了。」我說：「你那裡有地方嗎？」他則回答說他也是租的，前面是他住，後面一半只有一個床鋪和一個蚊帳，其他什麼都沒有，他當二房東租給我一個月三百元。之後我兩個月房租付不出來，我說：「我不能住下去，也沒有辦法工作，借一千元給我回家。」他不借。

有一天他上白天班時，我把門打開、抽屜打開，那麼巧，正好一千元，我就把它取走。他告我竊盜罪，我被判五十天的拘役；全臺灣通緝，我都不知道。

我住在臺北後火車站的正和旅社，清晨五點有兩個警察找我，又是太原路派出所的，我們都認識。我說：「你們要幹什麼？」他們說：「你被通緝了，五十天拘役。去新竹少年監獄[41]報到。」

我進去的時候，管理員居然是海軍眷村的鄰居，又遇到力行總隊的難友，也在我這隊。託他的福，對我特別照顧。

拘役結束，我回左營。那時我家已經搬到芝山岩情報局[42]眷村，我都不知道。因為我家惡性倒閉，需要有人保證，不保證就慘了，會被找麻煩。這個房子是我舅舅孫孚之介紹的，他比較有人際關係。房子的一樓，是情報總局一位老情報局長辦公的地方。

六十八年我大舅孫孚望因為是上海江青四人幫，得罪鄧派，下放海南島。他在那邊有一個難友時常寫信給他父親，他父親就是這位臺灣情報局的局長。

---

41 前身為清朝監獄，日治時期以新竹少年刑務所為名，遷至延平北路現址，關押十八歲以下人犯為主。一九四五年戰後改名臺灣新竹監獄，一九四八年再改為「臺灣新竹少年監獄」。一九九九年因法務部另行設立矯正學校，「臺灣新竹監獄」復名，二〇一一年改制為「法務部矯正署新竹監獄」迄今。依檔案與口述歷史，調查局在一九五〇年代偵辦的臺北監獄「中國人民解放委員會臺灣地下工作隊」吳朝麒等案、中共「中央社會部臺灣工作站」蘇藝林等案，曾將涉案的李梓鼎、石小岑羈押於新竹少年監獄。亦曾在新竹少年監獄代寄禁已決女性政治犯張金爵等十八人，後獄方表示有其困難後，方洽送臺灣省生產教育實驗所。

42 指「國防部情報局」，其前身為一九四六年八月成立於南京的保密局，核定編制六千零二十一人，以「保密防諜」為主要業務。一九四九年因代理總統李宗仁聲言停止特務活動，暫時轉入地下，並於此期間撤退來臺，在臺北士林芝山岩設立局本部。隔年蔣介石復任總統後，保密局奉令恢復正式編制，計三千三百五十六人。此後保密局雖屬未具正式立法程序之組織，僅依行政命令執行職權，但當時國共內戰正熾，情報工作主力為「肅清」中國共產黨在臺地下黨（如臺灣省工作委員會、臺灣民主自治同盟與中共其他組織）。一九五四年國安局成立後，情報機關重新劃分任務，一九五五年保密局改組為國防部情報局，專責對外情報工作，原諜報保防工作撥歸司法行政部調查局；一九八五年再改為軍事情報局迄今。

他問他爸爸有沒有辦法把他搞出獄到臺灣？我大舅看到了，覺得這個人下放到海南島還可以聯絡上父親，不簡單！所以我大舅也透過他找到了孫孚之，說我外祖母沒人養，能不能從美國到臺灣給小舅養？我媽與小舅說可以。這一搞就安全了，沒有人敢找麻煩。

拘役出來後，我專門做工。臺北後火車站那邊很多職業介紹所，或是去國民就業輔導中心問。我有做工的本錢，無論是搬貨隨車工、衛生紙工廠運漿工、豆漿店點漿工、殯儀館看屍工、看門工、維修工、拔草工，大家知道我什麼工都能做。

直到六十四年，小弟寧心東吳大學畢業，我家就不需要人保證。寧心貸款買房子當戶長，搬到永和福和路七十九號五樓（二十坪）。我爸媽一間，寧心一間，然後是廚房、餐廳、浴室、客廳。我租房子住在寧波西街二十八號之三，戶長就是我。

六十八年寧心考取托福、拿到獎學金，到美國賭城旁的私立大學念博士，就辦手續出國讀書。寧心的房間騰出來，我媽就想叫我回家住。這時候外祖母也由美國回臺灣養老。我媽要我認祖歸宗，看看我妹夫和兩個孩子。

我在各行各業累積很多知識和經驗，比如說文化業，我曾到臺北市重慶南路的商務印書館、考政書局、中國圖書公司，西門町的大專書城，還有文瑞印刷文具公司。也曾經送大批文具到總統府、教育部、行政院、工業區。

在餐飲界臭名滿天下

六十二年到六十八年間，我還深耕了全臺一百五十家中西菜餐廳，精通各式料理和菜名。

我從豆漿店、自助餐，各式小館、食堂、食府打雜開始做起，建立跑堂術語、打價目表到當老闆。

曾在川菜餐廳、大飯店、夜總會工作過，也擔任過調酒師。在荷馬旅行社的安排下，走訪加拿大多倫多的丁力小館、日本大阪的壽司食堂（前身是臺北市東園街的壽司食堂），和香港的新寧大酒樓。

外國客人來餐廳，不懂中文，怎麼說菜？但我懂得各種菜，也知道怎麼用英文介紹招牌菜，所以我非常熟悉用英文、日文幫客人點菜，約五十年前的菜單至今記憶猶深。例如：中西餐的油品、醬料名、材料要會講，魚翅（shark fin）、鮑魚（abalone）、明蝦（prawn）、蝦仁（shrimp）、水餃（dumplings）、醬油（brown sauce）、蠔油（oyster sauce）、雞絲（shredded chicken）、雞丁（diced chicken），這些英文菜名要學會。

舉例來說，客人點一個宮保雞丁，你要介紹是diced chicken with dry pepper（炒乾的紅辣椒）。服務生要會記各種辣椒應用的技巧，糖醋雞丁（diced chicken, sour and soy sauce）、醬爆雞丁（diced chicken with brown sauce）都是不一樣的作法。

日本人的拉麵是跟我們中國人學的，清朝中國人去長崎之後，日本人就把我們的拉麵發揚光大。麵館的跑堂術語，是我在西門町老山東牛肉麵館和中華麵館跑堂時建立的。紅燒是辣的，清燉是不辣的，豬腳麵叫蹄花麵。

我在來來豆漿、四海豆漿、永和世界豆漿大王、甜心豆漿跑堂的時候建立術語，比如說糖的是甜豆漿、醬油是鹹豆漿、清漿裡什麼都不擺。清湯的湯匙要朝天，其他都是扣著放。「糖蛋花」是糖豆漿裡打一個蛋、「醬油蛋花」是鹹豆漿裡打一個蛋。「來一套」是芝麻薄燒餅剪開，放一根油條在裡面。蔣經國和侍衛官就時常光臨永和世界豆漿大王捧場。

我也做過老闆，行政院和立法院餐廳。每個餐廳都有它的招牌菜，才能生存下去。西門町亞洲大樓鴻福大酒樓的董事長華民，他是情報局少將退休的，兩個名字合起來就充滿中華人民共和國的色彩。

貴福樓副總蔣少華、（萬年大樓七樓）喜年年裕慶湘菜副總蔣文堯都姓蔣，我做過他們的經理；從這裡可以看出，我和姓蔣的合作極好！

就西餐來說，五十年前的牛排哪有沙朗、菲力牛排，只有日本神戶牛排、美國紐約牛排（New York steak）、鐵板黑胡椒牛排。鐵板是熱的，下面墊一條枱布，就這樣上菜，增加它的氣勢。鐵板叫 grill，全名 grilled black pepper steak。

我還做過調酒師，先在火車站對面的希爾頓大飯店二樓調酒台做助理調酒師，就是打雜，每天要補充各式洋酒，要洗雞尾酒杯。那時洋酒進口管制，哪有綠牌、金牌，只有黑牌、紅牌。雞尾酒可以自己創出來，這個招牌打出去，大家喜歡捧場就可以。雞尾酒就是基酒加輔酒，基酒大家都知道，輔酒就是水果酒，是算盎司。我邊做邊學，最後我學會二十種就離開希爾頓，轉到天津街國王大飯店二樓做調酒師。

之後又轉洛祿三樓酒廊做調酒師，這裡的外場都是陪客的女生，後來發生槍擊案，我就打包離開了。

我最喜歡藍修女香檳，可以喝出各種香味。

喝甜酒要先墊一點菜，慢慢喝，否則吃飽會吐，後勁又大，容易醉，醉後、醉醒就像生了一場大病。

在酒裡下藥，或是喝到假酒，憑感覺就知道，不要再喝下去，否則會出問題。

認識我的朋友都說，「小寧喝酒有一套，不管是上九流、下九流，喝酒水常慷慨，他從來沒有醉過、吐過。你就是穿得破破爛爛，他都是一樣，點一個白斬雞配高粱。」

菜多無益，高粱大瓶，一瓶一份菜。

我到哪裡他們都來找我，不然我就去找他們，就這樣喝來喝去，所以薪水拿不到，因為簽單太多還要倒扣。

第二單元

因白色恐怖進出療養院

喝醉酒喊口號：養和精神病院[43]

找不太到工作，我能不借酒澆愁嗎？所以我喝酒後連續罵政府，罵了五、六個月，被送到養和精神病院兩次。[44]第一次在六十九年二月，我酒後罵政府，太原路派出所打電話給養和。養和派一位照服員到派出所，把我用手銬銬去醫院。過完年，他們問我家屬聯絡方式，就是要紅包。我弟弟寧民花了錢營救，才安全保釋離開。

第二次是六十九年三月至八月間，我在臺北市建成市場連續罵政府六個月，還大鬧太原路派出所，連女警都跑出來。派出所打電話給養和，又把我用手銬銬回醫院。養和診斷我是酒精精神病，就是酒精中毒，喝什麼都會掛。

養和醫院約三十至四十坪，一半睡床、一半睡地下，日用品扣留不發，沒有枕頭，也沒有棉被，冷死了，就拿個臉盆墊著。浴室太小，又臭又髒，又沒熱水，也不打掃。吃也吃不飽，三餐就是一個鋼碗飯上面加一點菜脯湯或青菜豆腐湯。每個星期六中餐加

---

43 位在新北市三重區，是一家私立精神病院。

44 對照檔卷資料，警總是在軍事檢察官以寧人向多數人頌揚共產主義，涉犯《懲治叛亂條例》第7條規定起訴後，因寧人受軍事審判官訊問時提及「六十九年間因喝酒太多，酒精蔓延導致影響身體，曾被送至三重養和精神病院」，而向養和精神病院發函詢問寧人陳述是否屬實。依養和精神病院函復內容，一九八〇年八月間，寧人是以「臺北市政府路倒精神病患（名不詳）」身分，經太原派出所送至養和，在養和先編為不詳男一二三號，後才依寧人自稱登錄身分，並診斷寧人係患酒精精神病。

個荷包蛋，或是加一塊肉，算是加菜。

院裡人擠人，沒辦法走動。治療看不到醫生、護士，只有一個原民籍的老看護，沒執照，只會吊點滴，連抽血、打針都不會。發藥就是一個木籃，五個格子，看到Ａ抓二顆，看到Ｂ抓三粒。你不吃，旁邊有個拿棒球棒的，往你的背部一棒打下去，看你還敢不吃！

電療[45]就是從你背後偷電頭部，電療一次應該是三千元，卻要價六千元，打瓶點滴一千元，卻要拿兩千元。

養和有一半的病人都是發牢騷進來的！竟然有這種醫院，太不人道！我的憤怒無處宣洩，變本加厲，持續「為共宣傳」。

在養和治療四個月後，六十九年十二月九日，因為戒酒成功，我轉到臺北市遊民收容所[46]，待了十六天。十二月二十五日，朋友保我離開收容所。我在光華就業輔導中心找到一個臺大對面康園食府的洗碗工作，做了一天，老闆認為我不太適合，辭退我。我又失業，就到空軍新生社餐廳部，找我的老朋友周明祥領班。我跟他說：「我現在身體很

45　一九三八年由義大利精神科醫師 Cerett 發明，曾在二十世紀中期廣為推行，在六〇年代後因精神科藥物的發展而使需求降低，爾後「電痙攣治療（Electro - Convulsive Therapy, ECT）」多針對藥物治療效果有限的重度憂鬱、躁鬱或精神相關疾病者，若合併高度自殺風險，對自己或他人有傷害風險者所採取的治療方式，透過將電流通過患者的腦部，引發腦部的整合性放電，藉以改善精神症狀。正常程序需由受過專業訓練的精神科醫師，在充分告知個案獲得同意後，依評估、禁食、針劑、施行電擊、後續觀察等步驟執行，不會也不該在背後偷電個案。但在早期的專業人力缺乏、訓練及管理皆欠佳的環境中，精神醫療界多少聽聞過此類傳言，此為寧人的證詞。

46　一九五六年自「臺北市散兵遊民收容所」改組而成，原位在基隆路，依《臺灣省取締遊民辦法》規定，負責收容臺北市各警察單位取締之遊蕩街頭或露宿公共場所之無業遊民、乞丐、精神病患，一九六八年遷至中和市圓通路一四三號。

不好了，給我找一個輕鬆的工作，薪水不計較，反正睡在餐廳，有地方住、有酒喝就好。」因為他們正忙，到兩點才能休息。他說：「好，你在對面的永奇自助餐等我。」

我就去吃飯，坐在門口第一個位子，兩瓶米酒喝下去。正好臺北工專[47]的二十多個學生進來用餐，每人手上都拿一本《國父遺教》，非常醒目。我覺得這是故意刺激我，就利用這個機會，給他們上了一課真正的「三民主義」。我說：「孫中山的三民主義並沒有禁止共產黨的存在，國共是共存共治，五色國旗也由漢滿蒙回藏五族共存共治。老毛說孫中山是偉大的強者和革命家，民國十年，若沒有非凡大總統孫文的批准，就沒有七月一日老共上海建黨。老毛又說共產主義就是三民主義！臺灣反攻、反共無望。」

我講了很多，馬上有人打電話檢舉；後來知道共有三個證人。我看到一輛黑色汽車停在門口，就跳起來喊，「毛主席萬歲，中國共產黨萬歲，中華人民共和國萬歲！」他們問我身分證，我拿陸軍官校大學部的證件給他們看。他們一看，就說：「你還是陸官出來的，對不起國家！」我說我對得起 P.R.O.C.[48]就可以。城中分局把我送到臺北市警察局偵三隊[49]，直接送保防科，關在地下室其中一間拘留所，上面有長方形的攝影機對準我。

47　現國立臺北科技大學，位在大安區忠孝東路三段。

48　中華人民共和國的縮寫，People's Republic Of China。

49　位在臺北市中正區延平南路，原址為日治時期臺北南警察署。依一九五三年情治機關工作及隸屬關係表，一般治安由臺灣省保安司令部、臺灣省政府警務處和國防部憲兵司令部負責，保防業務由臺灣省保安司令部、臺灣省政府警務處、內政部調查局、國防部保密局、國防部總政治部和國防部憲兵司令部負責，因此警察也擔負「一般社會治安工作及人犯之拘留逮捕等事宜」。

我對所長說：「讓我抽最後一支菸，可能以後就抽不到菸。」他對我很不錯，把拘留的人都打散，讓我在那邊抽菸。

經過十天，採證都完成了。謝隊長問我可不可以找個保人，保了就沒事，可以出去。我就找了可樂飯店以前的同事王鐵華，他一看到我就保我，說小寧就是好高鶩遠。結果謝隊長又騙我上頭交代不能保。

一月二十三日，直接把我轉到景美看守所趙紫健檢察官偵辦。他叫我「甯」人，我說：「你隨便判，槍斃我也沒有關係。」他說槍斃我是浪費中華民國的子彈，就是要慢慢折磨我。一直到現在[50]，槍斃也只要兩顆子彈。

[50] 指作者書寫手稿的二〇二二年，後同。

蔣癩頭事件・景美看守所[51]

這麼一判就是四年有期徒刑[52]，在景美看守所代監執行[53]，關在一樓押房。每間牢房都要有人做餐廳的工作，因為我有餐廳工作經驗，不想做餐廳的人拿三包長壽菸跟我換，我就擔任伙食總管。廚房師傅煮好菜，我就帶兩個人，騎小三輪車來提，告訴他們怎麼分菜，總共九桌，每桌六人。那菜跟軍人吃的菜一模一樣，菜盤是白色的琺瑯，有青色的邊，四菜一湯。夏天有西瓜，冬天切柳丁。大家自己帶碗筷，自己裝飯，隨便你吃，伙食不錯。還有在洗衣部外役燙衣服、曬郵袋，自修日文，在獄中做得有聲有色。

---

51 一九六〇年因副總統陳誠指示「臺北市內監獄及軍事機構除警備總部及憲兵司令部外，均應遷出市區」，開始啟動「臺灣警備總司令部軍法處營房疏遷計畫」。原駐臺北市青島東路營區內的警總軍法處、國防部軍法局、軍法覆判局（均含看守所），歷時六年，於一九六七年一同搬遷至新店景美，外界多以警總軍法處看守所為其稱呼主體，又稱「景美看守所」。警總軍法處、國防部軍法局遷駐景美後，因應各項需求，陸續核准興建軍事法庭、第一法庭、看守所和辦公廳舍等建築，都成為隨後二十年間最重要的政治案件軍事審判場所。解嚴後，國防部軍事三院檢機關於一九九九年進駐，稱為復興營區。後行政院文化建設委員會在二〇〇二年規劃全區就地保存，並登錄為歷史建築。二〇一一年國家人權博物館籌備處成立於此，現為文化部轄下國家人權博物館白色恐怖景美紀念園區。

52 依臺灣轉型正義資料庫（https://twtjcdb.nhrm.gov.tw/）查詢結果：一九八一年二月十九日起訴，四月二十七日終審，（70）障判字第23號，《懲治叛亂條例》第7條「以演說為有利於叛徒之宣傳」判決有期徒刑四年。

53 《監獄行刑法》規定，處徒刑、拘役之受刑人，應在監獄執行。威權統治時期，依《戒嚴法》授權軍事機關得對犯該條所定包括內亂、外患等犯罪之非現役軍人進行軍事審判，故臺灣省保安司令部及其後的臺灣警備總司令部之軍法處經手大批政治案件。政治案件當事人經逮捕、偵訊、起訴，經軍法處判決確定後，應發軍人監獄執行，但從戰後到一九六三年臺南軍人監獄成立前，臺灣惟有一座軍人監獄，容納人數有限，因此軍法處看守所時常作為代監執行的場所。

晚上可以看電視，但是常常他要看這臺，你要看那臺，誰都不服氣，我們就打起來，把電視都打壞了。我跟所長說你要處理，所長就貼條子規定幾點到幾點看哪一臺。那時候不是像現在獨來獨往，而且那時候不能獨來獨往。但話也不能亂講，旁邊會有管情報的裝成囚犯跟你聊，若講多了、講不好，就出事了。

後來，我開始有幻聽的症狀，最初有三個人在我耳朵裡連續講話，講「你要槍斃了」這些話，就是恐嚇你。我覺得奇怪，這三個人的聲音都是難友（金育光[54]、孟世傑[55]、胡德昌）。我跑到他們牢房一看，這三個人都在熟睡，我覺得奇怪。

之後燙臺北郵局的郵差制服，因為注意力不能集中，溫度沒控制好，燒焦三件，就停止工作，調到感化房（三號獨居房）。裡面設備很好，有可以自己控制的白色抽水馬桶和洗臉檯[56]，還有裝竊聽器，但沒有床鋪。早上有放封的時間，可以出來散步，還可以抽菸，一人發一根菸。我記得我還搶過憲兵的槍、拿花園的磚塊打憲兵的頭。時常大病二、三天，大鬧看守所，打窗、打門。

三號獨居房裡有一面白壁，我用原子筆在上面畫了蔣癩頭。中間寫「槍斃蔣匪經國

54 金育光，浙江青田縣人，一九三八年生，連續以演說為有利於判徒之宣傳，一九八〇年判有期徒刑四年。
55 孟世傑，河南舞陽縣人，一九二六年生，一九五八年認有感化之必要交付感化終身。
56 據寧人解釋，一般牢房內的馬桶，是定時沖水，而非由被拘留人控制。

集團」、上方寫「炸掉蔣癩頭（介石）鬼湖（慈湖）硬玻璃水晶棺材」、左下寫「槍斃謝匪東閔[57]」、「槍斃孫匪運璿[58]」。為了這個事件，我被打得半死，我這一生都不會忘記。我戴著腳鐐、手銬出來，先打我的牙齒，打了一百多個耳光，牙齒都打掉一兩顆，不會搖動的牙齒也搖動了，嘴巴都搖動了。兩手銬在背後，在我的脊椎骨上跳舞，用長統軍鞋踹我的頭部，極盡虐待。然後再用白色油漆把我寫的字塗掉，再塗我的嘴巴，像是在傷口上撒鹽，很痛！

接著去保安處[59]，被逼問「蔣癩頭」一詞從何而來？緣起於我在檳城的棕櫚餐廳，餐廳負責人是海軍情報處的傅永聯少校，也是我的眷村鄰居。他每六個月回臺休假一個月，沒事就回憶檳城的點點滴滴。當地凡是上岸的華人都會被華僑詢問，「你是從毛主席那邊來？還是從蔣癩頭那邊來？」如果是從蔣癩頭那邊來，日子就不怎麼好過，因為當地華僑都是親毛、親共。

五天後，我從保安處出來，開始絕食。所方讓我媽來探望，勸我不要絕食下去。爸爸當時左腦中風，我把我媽趕回去，叫她下次不要再來，否則我拒絕會客。

57 謝東閔（一九〇八～二〇〇一），彰化二水人，時任中華民國第六任副總統（一九七八～一九八四）。曾任高雄縣第一任縣長、臺灣省議會議長、副議長、臺灣省政府主席。

58 孫運璿（一九一三～二〇〇六），山東蓬萊人，時任中華民國第十任行政院長。曾任交通部部長、經濟部部長。

59 指臺灣警備總司令部保安處，原設在臺北市萬華區西寧南路東本願寺，一九六八年後遷至臺北市中正區博愛路，與警總總部同一營區內。

我繼續絕食，院方經過參謀總長郝柏村[60]批准，把我送到陸軍八二九醫院[61]。我再絕食五天，又轉到三軍總醫院精神科，插管餵食，旁邊睡了兩個便衣憲兵。又再經過警備總司令陳守山[62]批准，臺大醫院、臺北市立療養院[63]、臺北市立和平醫院、臺北市立仁愛醫院、三軍總醫院的五師會診、保密，確定我有精神分裂症，屬於妄想型的精神病[64]。

我的症狀是孤僻、冷漠、不合作、多疑、幻聽、自言自語，過去遭遇的各種驚嚇、不信任，顯現在對政府及首長的敵視詆毀，時常都有被別人迫害、被擺暗道的意念。我被建議應長期服藥，做情緒心理治療。

林醫師講了四個故事給我聽：第一個故事跟心理學有關，有一位女病人，她老公把她送到這裡，因為她不管做什麼事，家裡養的狗都事先知道，所以她用砒霜把狗毒死！第二個故事，醫師說精神分裂症就是比正常人還要正常，所以假若有一天我能瞭解他說的話，就沒有病了。第三個故事，是狗的記憶力最好（我是三十五年次屬狗），誰對牠好，

60　郝柏村（一九一九～二〇二〇），江蘇省鹽城縣人，一九八一～一九八八年任參謀總長，後任國防部長。
61　位在臺北市公館一帶，一九八六年改制為國軍八一七醫院，一九九九年六月三十日裁撤，現國立臺灣大學醫學院附設醫院癌醫中心分院。
62　陳守山（一九二一～二〇〇九），臺灣臺北人，一九八一～一九八九年任臺灣警備總司令總司令，後任國防部副部長。
63　現為臺北市立聯合醫院松德院區。
64　現稱之為「思覺失調症」。

對牠壞，都記得清清楚楚。第四個故事，是說要把我送到一個遙遠的地方靜養。因為監獄太苦，所以又是讓精神病院來負責，也就是玉里養護所[65]。

65　一九六五年五月，行政院國軍退除役官兵就業輔導委員會（一九六六年更名「行政院國軍退除役官兵輔導委員會」，二〇一三年再更名「國軍退除役官兵輔導委員會」，簡稱退輔會），應臺灣省政府衛生處之委託，由玉里榮民醫院（以下簡稱玉榮）協助成立「省立玉里養護所」於該院區內，舊址曾為花蓮縣玉里鎮泰昌里街六十八號及七十五號，現址為九十五號。一九六六年九月一日「省立玉里療養院」正式成立，隸屬臺灣省衛生處。成立之初其收容之精神病患經警務處、社會處、衛生處各就其員額發佈調配指定收容。共六百床，不對外營業，亦不辦理門診。依一九六七年發佈之「玉里養護所收容辦法」，就醫手續由各統籌單位就分配床位、名額、範圍內，檢附公私立精神病院診斷證明書、名籍表、貧民證明書、患者二吋半身相片二張，無名籍之患者編號（發生事故時按編號處理）等逕送玉里養護所予以觀察收容。臺灣省警務處佔四百床（男患三百床、女患一百床），由該處統籌運用收容全省貧苦無依精神病患及遊民精神病患，暨警備總部感訓新生精神病患。一九六七年一月開始收容作業；三月二十二日，警總新生訓導處將十名患有精神病之新生戶籍遷至玉里養護所（戶長王達飛，為社會服務室主任），所長由玉榮院長兼任。醫師也由玉榮支援（玉榮於一九五八年成立時亦無精神科醫師，而由三軍總醫院北投分院醫師支援直至一九八一年改由臺北榮民總醫院支援）。一九八九年五月，終止玉里榮民醫院代管合約，由衛生處核派專任所長。一九九〇年方有精神科專科醫師接任副所長，開啟專業精神醫療。一九九九年七月一日，改隸為行政院衛生署玉里醫院，二〇一三年改制為衛生福利部玉里醫院迄今。

—幻聽．．玉里養護所

我的幻聽被主治醫師林少校治好，耳朵沒有人講話了，就開始吃飯。

郝柏村批准我到玉里養護所，玉里養護所碰到這種事，沒有病床也要調配給你。

我媽和舅舅也寫了一份同意書。七十一年二月十五日，我戴著腳鐐、手銬，和憲兵、少校軍醫、戒護組長在臺北車站上火車。花蓮新站下車後，東部防衛司令部[66]有一個中校，連同開四分之三噸軍車的司機，中午十一點到達玉里養護所。然後進入玉寧、玉榮的聯合辦公中心[67]，辦住院手續（二病房[68]，現在是八病房）。

中餐時，養護所所長來看我，他說：「你在這裡要乖一點，否則要吃苦頭。」我想都還沒開始在這裡生活，第一天就這樣威脅我；我以「沉默是金」的方式笑了一笑。

66　應是指臺灣警備總司令部的「東部地區警備司令部」，當時駐地花蓮市中正路六四三號之誠正營區（現花蓮憲兵隊），一九九一年七月移防臺東岩灣。

67　此為「玉里榮民醫院」和「玉里養護所」共用的辦公處，一樓屬榮民醫院，二樓歸玉里養護所，後「省立花蓮醫院玉里分院」亦遷入此院區，此三機構合組成「群體醫療中心」。

68　早期玉里養護所由三棟雙層樓建築物組成，總共分為三個病區、十二個病室；寧人辦理住院手續的「二病房」，於一九八七年前後（未能核實相關時間）應是專收男性病患的精神科急性病房和新收病房。

二病房有個床頭櫃，我買了一本很厚的筆記簿，每天寫，為老共宣傳啊，都寫上去。一個月後，保防科長[69]帶了一個職員找我，手上有一個影印本。我這一看，唉呀，想起來啦，那是我旁邊的病人交給護士，護士弄出去，影印回來又放回床上面。所以在這裡，任何人都不能相信。

我在玉里養護所三年（七十一年二月十五日至七十四年一月十二日），每個月的零用金七百元。

這裡吃的是糙米飯（有錢人吃白飯），每天就是一個小鋁盆，菜都是一模一樣的，甚至怕魚骨頭刺到喉嚨，也沒辦法吃魚。衣服是公家制服，睡在像軍隊的上下通鋪，日常生活就像軍中管理一樣。照服員叫班長，值班的是工友。育樂方面，敬事堂裡有籃球、羽毛球、桌球，可以供書報、雜誌，旅遊有遊夜市、早市、光復鄉洗溫泉、花蓮一日遊等。

剛開始是藥物治療，藥不對症，每天情緒處在巔峰狀態。我幻聽太嚴重，耳朵兩邊都聽到有人講話，吵得要死，晚上睡不好，白天還要服勞務、刷樓梯，心情很不好。那

69 根據《動員戡亂時期保密防諜實施辦法》第4條規定，各級政府機關應設置保防機構，直至一九九二年八月十四日法務部與銓敘部訂定《政風機構人員設置條例施行細則》，將早年由司法行政部調查局設在各機關內的人事查核單位「人事室第二辦公室」（簡稱「人二室」），改組為「政風室」，專職監督政風，並銷毀所有人二室時期的檔案資料；玉里養護所同樣設有「人二室」專責保密防諜的業務。作者此段回憶見證了其在玉里養護所尚有人二室的運作期間，其政治言論有被其他病人密告給護士，再由護士轉交由人二室知悉處理。因人二室為中央獨立任命的機構，其相關資料皆自行保管並已銷毀，故我們無法清楚知道彼時人二室對此舉報做何回應。若從當時辦事細則和對寧人後續的照料方式推測，人二室對疑似「政治叛亂」相關分子（無論病人或員工）進行資料蒐報、列管，但（應）已無再對具精神病人之身分者進行其他不法或不當之處理對待，作者後續即按一般病人繼續養護。

邊可以買刮鬍刀，我就買了半打舒適牌刮鬍刀片，割腕自殺。

七十三年下半年，賴護理長騙我，她說電療會治好幻聽。二十天電療十次（二天電一次），負責電療的有張醫師、蔡護理長、謝護理長，蔡護士、陳護士、秋護士。結果無效，而且記憶力會喪失。電療一次，記憶力要六個月才能恢復。

出院後突然被人打斷腿

七十四年一月十三日，我四年的刑期到了。辦出院時郵局剩多少錢院方也幫你辦好，開了一張綠島監獄開釋令（代監字第〇四七三號）[70]，還有給我身分證和車馬費兩千元。當然，因為我有精神病，我沒有去綠島。出院是安全室[71]主任騎摩托車載我出去。出院前一天還兩個小時打一針[72]。我們從新興路、台鳳路再轉新昌二路，再右轉中華路，然後玉里高中轉一圈，最後到玉里火車站。買了一斤橘子，還有一張早上九點開往臺北的自強號火車票。

下午一點到臺北，我馬上到臺北警察局保防科報到，他們在我開釋令後面簽註。當天晚上，我在西門町獅子林百貨四樓，帶了兩瓶紅露酒，邊喝、邊為老共宣傳。被市民告到地下室的新光保全，又打電話給偵三隊，霹靂小組把我抓起來。偵三隊放人，說我

70　像作者這樣代監執行案例中，因法定的服刑地點是監獄，開釋證明須由監獄開立，但實際的服刑地點在看守所，看守所才可能對受刑人表現予以觀察考核，評估刑期屆滿前的「矯正」狀況，根據檔案資料，國防部當時另外透過行政命令指示警總「有關叛亂（感化）犯之開釋作業，由本部（編按：指警總）自行核定，函送綠島感訓監獄填發開釋證明書」。

71　也就是俗稱的「人二室」（人事室第二辦公室），各政府機關、學校、公營事業機構及部分民營企業在戒嚴時期為保防工作而設立。

72　根據寧人於此住院期間的用針紀錄，可能以 Thorazine（抗精神病藥）或 Valium（煩靜錠）的注射為主，因前者具有較強的鎮靜作用，常見施於不合作的病人身上，故推測可能是此類針劑。

下午才從精神病院出院，辦完報到手續，精神不穩定。他們是放長線釣大魚，所以我又回到原地「為共宣傳」。

我出院後，什麼都忘記了，連家住在哪裡都想不起來，十普佛堂也忘了。

我靠著打零工度日，過著街友生活。懷寧街的中國農民銀行前面，早上在做批發報紙，算是我在新公園附近的老窩，這裡警察不抓，都是一些老遊民、老酒鬼在這裡工作。其實就是很多人從綠島回來，在臺灣沒有親朋好友，沒地方住。就靠批發報紙、賣舊報紙生存。他們賣的舊報紙很貴，人人還是搶著買。

七十四年二月二十八日，中午十二點左右，我在中華商場[73]第五棟（信棟）一樓餃子館叫了四十個韭菜水餃、一碗中酸辣湯，買兩瓶紅露酒、兩包金馬菸。不到五分鐘，感到昏昏的，我知道被人跟蹤、下藥，馬上結帳，身上只剩下一百元。經過鐵道，我在理教公會[74]的長沙街巷弄內，被三個不明人士暴打到雙腿不能行走。我不能去報案，因為覺得會牽涉到很多人，搞不好連親屬都會被打。

73　一九六一年四月二十二日落成啟用的臺北市大型商場，位置約與清治時期臺北府城西城牆重疊，現中華路一段、忠孝西路以南至愛國西路以北。從北而南以「八德」之忠、孝、仁、愛、信、義、和、平棟命名，共八棟三層樓連棟建築，信棟約位於現武昌街二段至成都路之間。一九九二年十月為市區規劃與捷運施工而全部拆除。

74　即日治時期的西本願寺，正式名稱「淨土真宗本院寺派臺灣別院」，位在現中華路一段以西、長沙街二段以南與貴陽街二段以北的區域內。

一連續以演說為共宣傳：遊民收容所

七十四年三月二十日，為了療傷，我搭平快回到童年成長地左營眷村求助。我住進左營分局對面的屏南旅社二樓，三百元一間的小套房，比較安全。我每天就是拜訪老同學、喝酒，靈感來了，就為共宣傳。七十四年四月十號下午，我為了要找工作，去高雄小港臨海工業區管理中心，找以前戰地政務局政務官訓練班認識的兵。在那裡呼叫：「毛主席萬歲！」並且說：「中共武力是世界最強的，反攻、反共無望。」

七十四年四月十三日早上十一點，想再去臨海工業區找前一次沒見到的老同學。我喝了酒，在十九路公車上，又什麼都講，「毛主席萬歲，只有中共統一臺灣，臺灣問題才能解決；臺灣在蔣經國統治下沒有前途，只有趙紫陽才能統一臺灣。」大約講了二十分鐘，可能有人下車之後去檢舉，我下車後，又是一輛黑色汽車駛來，跳下三個人把我帶走。

到了鹽埕分局七賢派出所，我也公開講那些「不當言論」。警察採證後，大約傍晚六點，就移送南警部[75]軍法處壽山看守所收押。那個時候正好是南部一清專案[76]掃黑運動，我進去就全滿了。

劉漢英檢察官說我是連續重刑犯，要加重罪刑。因為「以演說、文字、圖畫為共宣傳」，宣告十二年有期徒刑。[77]

但是，南警部司令交代，寧人以前有精神分裂，先送八〇二醫院[78]做精神鑑定[79]，作為辦案參考。精神科一個月開了三次評鑑會議，十天開一次，到場人員有精神科所有醫

75　臺灣南部地區警備司令部。

76　一九八四年旅美作家江南（本名劉宜良，《蔣經國傳》作者）遭刺殺後，臺灣警備總司令部為平息媒體報導主嫌陳啟禮係依國防部情報局局長汪希苓指示前往犯案所引發的輿論，發起「一清專案」，掃蕩國內主要的幫派和流氓。「一清專案」由警總主導規劃，作法是先由各縣市警察局鎖定轄區內亟待處理的「流氓」後，擷取《懲治叛亂條例》第4條第1項第10款規定「有左列行為之一者處死刑、無期徒刑或十年以上有期徒刑：十、受叛徒之指使或圖利叛徒而煽動罷工、罷課、罷市或擾亂治安、擾亂金融者」中「擾亂治安」之叛亂行為為內容，提報警總，以該名流氓「涉嫌叛亂」，將該名流氓拘提到案並解送警總羈押，警總隨即又再發交警察局，由警察查看這名流氓有無「叛亂意圖」，通常都是沒有。警總接著就以警察的「調查結果」，針對該名流氓「涉嫌叛亂」的罪名，給予不起訴處分，但同時核定專案矯正處分，由警察單位移送管訓。

77　臺灣南部地區警備總司令一九八五年八月十三日（74）警偵字第15號，依《懲治叛亂條例》第7條起訴，認應從重量刑。一九八六年八月十八日，（74）警審字第34號依《刑法》第19條，「行為時因精神障礙或其他心智缺陷，致不能辨識其行為違法或欠缺依其辨識而行為之能力者，不罰」，宣判無罪。

78　現位在高雄市苓雅區，屬國防部軍醫局之國軍高雄總醫院。自成立於中國南京之初即為陸軍所屬醫院，經多次改隸改制，一九六〇年定名「陸軍第八〇二總醫院」（八〇二為部隊番號），一九七七年從六合路搬至現址。

79　根據劉金明醫師回顧，臺灣的司法精神鑑定自日治時期開始，強調個人的精神狀態之判定。需由醫學專家或精神醫學專家加以診察鑑定，內容包括會談（含精神狀態檢查）、心理測驗衡鑑、腦部影像、腦波及必要的實驗室檢驗等；同時會參考相關的影音檔案、就醫的病歷紀載、訊問筆錄等重要資訊。整合研判後，撰寫鑑定報告供法官審酌。

師、護理部所有人員。採問答方式進行，他們問的都不是病情，而是跟政治有關的問題。我很敏感地察覺到，他們應該主要是替南警部軍法處偵察我的案子。我的思想是從何而來？為什麼抓不到共犯？八〇二醫院和玉里養護所研判我精神分裂尚未痊癒，判我因心神喪失而無罪，送往高雄市遊民收容所[80]。在這之前，就在看守所度過了差不多一年六個月。

高雄市遊民收容所的前身是戒毒勒戒所，建築結構尚保存二十間戒毒癮的保護室。收容所的小偷好多，我的身分證、診斷證明書、判決書放在一個皮包裡面，全部都被偷了。那時正逢全臺灣換身分證的時期，但是遊民收容所換的證件，出生日期一律都是同一個日子。我被偷的身分證原本是三十五年三月八號生，新的證件是五十五年五月五日生，我突然年輕二十歲。這個「五」厲害！大陸老共建國的是五星旗、孫中山建國的是五色旗，美國是五十州、五十顆星星，麥帥、老蔣都是五星上將，所以「五」是最受歡迎的數字。

南警部發文高雄市政府與高雄市遊民收容所「查寧人在臺親屬十餘年來與其避不見面，無容身之所，為免判決後釋放在外遊蕩，滋生意外，請惠予暫時收容，附身分證乙

80 依《高雄市取締遊民辦法》取締遊民工作，以警察局為執行機關，憲兵隊為協辦機關，其有關收容、救濟與醫療等工作，分別由遊民收容所、社會局、衛生局辦理。一九九一年七月由社會局接管，二〇〇三年五月後以公設民營方式委由團體辦理。

枚」[81]。然而，無罪並不代表自由，我在收容所被虐待，絕食抗議三次。

第一次絕食抗議，是因為拒吃院長自己花錢買的月餅，他們認為我看不起院長，五個警察虐打我後，把我關進保護室。那裡跟精神科的保護室不一樣，床是水泥床，有個水龍頭打開是自來水，夏天蚊子很多，關在那裡真是受罪。我就在裡面絕食二、三天只喝水。直到唐所長請求我不要再絕食，帶著五位警察向我賠罪，還送了三千元慰問金和長壽煙、克寧奶粉。然後把我揹到我住的二樓，而那天的便當正好是沙丁魚，我不像那些絕食很久的人，都要先吃流質，我胃好得很，馬上就可以吃下去。

第二次絕食抗議是我坐在餐廳，剛好記者來訪問，我拿了一支有蛀蟲的筷子，讓記者拍下來。結果警察發現後，又毒打我一頓，把我關進保護室。我絕食十五天，滴水粒米不進。最後被拖出來，送到大同醫院[82]內科二診打點滴。

第三次絕食抗議，就是因為我老是被毒打、被關，我看不慣這種暴力行為，就宣講

81 檔案資料顯示，寧人一九八五年「為匪宣傳罪」前案刑滿開釋前，因寧人父母設籍於臺北，警總發函臺北縣警察局表示「寧犯於執行中罹患精神病，目前尚未痊癒，其父母不願保結，若任寧犯開釋在外隨意活動，對社會仍有危害之虞」，要警察持續追蹤寧人出獄後動向。寧人刑滿出獄後，臺北縣警察局發現寧人不在家戶人口內，又查無寧人行蹤，因而發函請其他警察局協尋，直到警總南區警備部於一九八五年四月間開始調查寧人「為匪宣傳」新案，寧人所在才獲知悉。一九五〇年國民黨政府撤退來臺不久，即有「臺灣省取締散兵遊民辦法」之訂定，一九六八年修正為「臺灣省取締遊民辦法」，對無合法戶籍、乞丐、沿街遊蕩或露宿公共場所等「遊民」，政府認為有侵擾社會秩序之危險，便於各縣市廣設「遊民收容所」。如果家屬不能吸納，政府也不樂見社會另行發展可吸納這類人口的組織或團體，就可能採取將「遊民」自社會開放空間移入閉鎖式機構之手段。

82 現為高雄市立聯合醫院。（二〇〇三年一月一日高雄市政府將原有市立大同醫院及市立婦幼綜合醫院合併為「高雄市立聯合醫院」）

自己傾共的理念。說：「反攻、反共無望！」、「臺灣在蔣經國統治之下沒有前途！」、「臺灣問題只有老共統一臺灣才能解決！」又被警察打得半死，關進保護室。再絕食十五天，拖出來，送到醫院打點滴。後來我吃的藥裡面有一根短短的魚刺，我拿給警察看，他們非常火大，打完點滴還是回到收容所。

我在高雄市遊民收容所待了三年八個月，從七十五年八月十八日到七十九年七月二十五日。幻聽嚴重的時候送到凱旋醫院[83]，是他們簽約的醫院，總共住院兩次，來來去去一年六個月。凱旋醫院會給我打嗎啡針，打下去十分鐘，我耳朵裡就沒有人講話了。另外，靜心精神病院是八〇二醫院精神科的主任開的，則是一個月給我電療一次，去了九次，最後高雄市政府安排我去阿蓮區的良仁醫院做長期安養。

83 現址高雄市苓雅區凱旋二路一百三十號，其前身為一九六〇年一月一日由臺灣省政府設立的「臺灣省立高雄療養院」，旨在方便中南部精神病患就醫，院址為苓雅區福成街二號，一九八四年七月一日改隸高雄市政府。後高雄市政府為辦理精神疾病之預防、診療和復健，以及為了訓練精神醫療人員，推展心理衛生教育，也為菸毒勒戒、輔導及追蹤，特設立市立凱旋醫院，因此奉准更名為高雄市立凱旋醫院迄今。

安置良仁醫院

我本來不是要去良仁醫院，唐所長沒有勉強我去。他說：「你去是你自己要去的，後悔不要怪我。」

我說：「不會，只要病情穩定，你是我的監護人，你可以把我領回來。」

他說：「好。」

我看到良仁醫院董事長施國政，還有兩個照服員都穿醫師制服，很年輕、很帥，再加上門口停了一部大型冷氣車，我就猜想這家醫院不會錯。

結果我到良仁醫院一坐好，卻是一看就不對勁。醫院的碗都是橘色塑膠的，連藥都放在上面。我想真是來錯了，我還以為總比遊民收容所好，卻只是表面看起來不錯。結果良仁醫院在九十六年歇業關門，我待了十八年（九十六年十二月二十五日），才轉來高雄市政府委託合約案的玉里醫院。

我在良仁時，跟獨派做戰略夥伴，也就是聯絡次要敵人，打擊主要敵人，畢竟政治上沒有永遠的朋友，也沒有永遠的敵人。還撕了兩次國旗，第一次是八十六年八月十五日下午三點，我在良仁醫院升旗台降國旗後再撕國旗，證人有施國政董事長、郭水去總管、陳冠良。包天送、施國政問我：「為什麼撕國旗？」我回答：「十三億中國人只有一面國旗。」陳主醫給我打了一針，很疲。

第二次撕國旗是在良仁醫院，是八十九年三月二十日第十任總統選舉那天早上七點，還沒升旗，我就把國旗撕爛；有證人可以作證。

在良仁也要做勞務工，洪護理師向包醫師說：「寧人怎麼越來越瘦？」我心裡想就是因為吃不飽嘛！八十九年四月二十九日早上十點，他們安排到大同醫院，給醫師看我為什麼愈來愈瘦。照服員施義在前面掛號，監視我會不會脫逃。陳進良說他要上小號。我一看這是千載難逢的機會，向後轉，衝出大門，跳上一輛計程車。聽說他們還在醫院裡找了很久。

我回到左營眷村，一邊湊錢、一邊喝酒，喝了三天三夜的酒。

脫逃至玉里火車站打零工「為匪宣傳」

我沒睡覺，五月一日上午向華南銀行的楊聰敏經理拿兩千元車費。當天晚上七點搭上自強號火車，晚上十二點整到達玉里火車站。排班的計程車司機問：「老鄉要不要坐車？」我回答：「不要，我睡火車站。」

接下來四個月，只要我有時間，上下車旅客多的時候，我會跳起來高呼：「毛主席萬歲！」、「中國共產黨萬歲！」、「中華人民共和國萬歲！」、「臺獨海外聯盟萬歲！」也會說：「國語萬歲！」最後唱：「共產黨好，共產黨好，共產黨是我們的好領導……」這樣的歌曲做結束。

五月一日到六月一日，因為沒錢，時常挨餓，受不了，就撿垃圾吃。晚上十二點，我離開火車站，到小吃店的垃圾袋裡找東西吃，翻到最底下，有時還有啤酒和溫熱的烤雞腿。

石頭公園晚上有很多酒鬼在那裡喝酒，他們離開時，都會給我留下一點吃的東西。有時去玉里戲院電動遊樂場的垃圾袋裡找東西吃，被販賣部的人看到，叫我「老鄉」，說「不要撿垃圾，到我這裡吃」。還給我一張名片「余文雄」，我就這樣認識他。

有時候，他會叫他的店員騎機車送早餐到火車站給我。早餐放在我會去的地方，豆漿、饅頭都準備得好好的。

有時天熱，我就到電動遊樂場吹冷氣。但是戲院經理和開廣告車的司機看我不順眼，把我拖出去三次，若他們沒有辦法，就打電話給玉里分局，讓兩個警察把我拖到賣票口。警察說：「你睡在這裡，我們不會管你，這樣還不是妨礙賣電影票的工作。」

不到半個月，余文雄叫我睡到他的倉庫，也是他休息的地方。裡面放一些食材、紙杯，有床、浴室，是他向經理租的，有簽合約，他還叫他孩子給阿公（我）弄蚊香。

那時有個要飯的女生，在火車站裡，拿個白色的石棉碗。我看了笑一笑，雖然我臉皮厚，可是還不到時候。真的要討錢的話，我會準備四個一元的硬幣。我還看準人，不然討不到多可憐。我說大哥，我四天沒吃飯，跟你湊一個便當的錢。他們很奇怪，都是拿五十元硬幣給我。我不會像別人討多一點，五十元我可以用兩天。

穿衣方面，我一個月沒換衣服，就跑到玉里的洗衣店跟他們要客人不要的衣服，他們說目前還沒有。

五月的早晚很涼，站務員送我一件薄外套，還送舊紙箱給我睡地上。

我會在火車站的販賣部睡覺，也是巡邏箱的第一個巡邏站，我就睡在地上。我不敢睡在椅子上，因為旅客很多，他們要坐。

我還會睡在健保中醫診所門口的騎樓、玉里戲院的電動玩具遊樂場（二十四小時營業有冷氣）、玉里郵局和噴水池。

我都是早上兩點左右，在火車站的廁所裡洗澡。有一次我脫褲子洗，而警察還會說，「老寧穿著內褲就不會妨礙風化！」

另外，可以讓我用寶特瓶裝冰水的地方有新高旅社、玉麒麟別莊、玉里戲院電動遊樂場。

五月二十三日晚上十一點，有個酒鬼到火車站找我喝酒，帶我到卓溪大橋旁的玉里本院，叫我偷電腦。我趁他喝醉，馬上離開，走回火車站。接著我決定戒酒，一星期後，玉里計程車行司機溫阿明，三個晚上都請我吃麵，介紹我一個工作。新昌二路有個收破爛的商行，專門收破銅爛鐵、寶特瓶、紙箱、報紙，還有中古車的買賣，我做垃圾工，供膳宿，一天兩百元。

六月一日到六月二十日這段期間，有一次跑到玉里養護所收垃圾，遇見何鯨魚在整理紙盒（我們七十一年一月二十五日在景美看守所認識，後來我送玉里養護所），兩人相見甚歡。我們老闆夫婦、整個玉里鎮都知道我住過玉里養護所。

六月二十五日下午四點，我向戲院經理報仇的機會來了。我到玉里戲院電動遊樂場說：「未滿十八歲的全部離開，因為我發現很多硬幣，賭博的可能性很大。」結果一下子全跑光了，經理出來一看到我，馬上打躬作揖，說：「大哥、大哥，對不起！」我沒講話就離開了。但接下來經理卻馬上逼余文雄不准我睡倉庫，不然就要解約。余文雄叫我馬上離開，我就回去睡我的老窩。

六月二十二日，我出於「戰略考量」，拜訪民進黨玉里黨部，請他們幫我留意一個比較輕鬆的工作。

七月一日到八月十五日，溫阿明介紹我到三重市的工地打零工，住在三重中廣公司旁的巷子裡。後來沒有工可以做了，又回到玉里火車站。

八月二十日，玉里鎮長、鎮民代表歡送助民救災的阿兵哥回營，送錦旗感謝。我又在旁邊呼叫：「毛主席萬歲！」、「中國共產黨萬歲！」、「中華人民共和國萬歲！」又唱：「共產黨好，共產黨好，共產黨是我們的好領導……」當時在場的人員對我都有很深刻難忘的印象。

八月二十五日下午三點，我最窮的時候，有一個女生，在火車站電話亭上要走的時候留下一個皮包。我剛好一個星期沒香煙錢，自助餐也欠了一千五百元，正當需要錢用時。我內心掙扎，絕對不能用！然後當眾清點，裡面有三千元現款、信用卡、金融卡，還有一張身分證、圖章、鑰匙串。我送到鐵路派出所，警察打電話給她，但她一來看到我，卻表現出很火大的樣子，不知道為什麼？

九月十一日上午十點，我感到身體不行，就到鐵路派出所找所長，說我想回良仁醫院。立即聯絡上後，當天下午六點就從玉里火車站出發。院方派計程車來接我，就這樣結束總共四個月又十二天的「秋風掃落葉為共宣傳事件」。

在良仁醫院受傷致無法書寫

九十四年下半年，我在良仁醫院餐廳寫作。我座位後面有一男一女戲弄我，把我的筆記本搶去藏起來，弄到我不能寫字。我就打他，但我突然覺得頭部一陣暈眩，幾秒後就碰到地，當場橈骨骨折。

良仁醫院捨近求遠，把我送到屏東仁愛醫院。那邊骨科醫師姓高，原民籍，刀也沒有開好，麻藥上不足會痛，打兩根鋼釘還會搖動。

複診時又捨遠求近，到岡山劉光雄醫院拔鋼釘，結果劉醫師從外型上就看出來刀沒開好，要開第二次刀，否則將來寫字很困難。

我寫了一封信，說我這麼老，外型不好看沒關係，不能寫字也沒關係，該寫的都寫了。而且開完刀的復健工作很苦，還要站著排隊取餐，也沒有湯匙用餐，洗澡還要自己洗，便拒絕第二次開刀。

再次入住玉里醫院開人工關節手術

九十六年十二月二十五日，我由良仁轉玉里醫院新興園區[84]。九十七年七月一日至八月一日，醫院有三次消防演習。我在新三樓，腿痛，請假不准，我就爬啊、爬啊，走一圈路，痛得不能走下去。兩位班長一邊一個人扶我，有力氣的就揹我，走完全程。

還有一兩次ＲＴ活動[85]到敬事堂，也是路倒，讓班長林平偉揹我。參加演習的工作人員都說我這個腿一定有問題，那時剛好內科主任林醫師處理我的事情，給我開止痛藥、消炎藥、凝膠。一塗我就可以走路，但藥效一消失，就病了！因為都治不好，他就把我轉到玉里醫院骨科王念文醫師。

一照Ｘ光，他說最重要是左邊也要馬上換人工膝關節。因為關節老化，移位，裡面還有碎骨，而右邊的關節炎吃點抗生素就可以。王念文給我申請健保做手術，但我高市遊民收容所發出的身分證是五十五年五月五日生，比我真正的年紀年輕二十歲，不符合健保醫療給付。後來拍照確認我的年紀後，才終於得到治療。九十七年八月十三日下午

84 位在花蓮縣玉里鎮新興街九十五號，即原玉里療養院所在（舊址新興街七十五號）。

85 指職能復健活動，occupational rehabilitation。

兩點三十分開刀，開銷十萬元，包括人工膝關節七萬、二十四小時看護工一天兩千元，十五天共三萬元。

開完刀到現在十三年，我還是不能正常行走。最倒楣的就是外型上看不出來，歪腳歪手，再加上右掌橈骨骨折，開刀也沒開好，至今不能好好寫字，手無縛雞之力，讓我很多事不能好好做，包括大號後擦不乾淨、站著沒辦法撿地上的東西、上下樓梯很困難、不能走快走久、不能蹲、不能坐地上、不能跪。申請的助行器又遲遲沒有發下來。穿衣脫衣，一定要用坐姿，否則重心不穩會跌倒。左腿只能彎九十度，所以左腳穿脫鞋襪不太方便。

不瞭解我體能情況的人，都認為我好吃懶做，或以為我末稍神經有問題所以手麻、腳麻，還要開藥給我服用。為此，我還要將過去的事再說明一次，增加我的精神負擔，但不說又不行。

現在，雖然我能控制自己得很不錯了，但我已經不想出去了。

為什麼不想呢？

我年老多病，糖尿病、C型肝炎、膽結石、精神病都十幾年，手腳也不方便。

而且我沒有牙齒，要吃治療餐。

我們醫院有那麼多醫護工作人員，可以維護我們的健康，所以我不想出院。這些都是免費，你看現在很多收容機構，我們這個地方比他們還要好，比交錢的養老院還要好。

從一刀兩斷到公開受訪

六十八年底，我決定一個人走政治路線，就與親朋好友一刀兩斷，這樣誰也不會被我拖下水。

人家說我是個神經病，大家對神經病的看法是歧視、偏見，所以不願意聽我講話。我時常用孟子說的話安慰自己：「天將降大任於斯人也，必先勞其筋骨」，就是勞改；「苦其心志，餓其體膚」，就是挨餓；「空乏其身」，就是沒錢。

我現在沒牙齒、沒錢，有向外面求助過嗎？有錢比沒錢還要苦！什麼事習慣就自然。自從我在景美看守所得了幻覺，就開始獨來獨往，直到現在在萬寧園區[86]。我不跟任何人打招呼，也不到別人的寢室。我不亂跑，在良仁醫院十八年，我都沒進去過廚房。現在已經在玉里醫院萬寧園區八年。

直到一百一十年，我才想公開受訪，願意提起過去的經歷。因為現在人事已非，

86　位在花蓮縣富里鄉萬寧村；一九七三年六月，省立玉里養護奉准購撥東部土地開發處萬寧開發區，以作為康復期精神病患從事農、漁、牧等職能治療，於隔年啟用萬寧復健園區。一九七七年九月，萬寧復健園區由行政院核定命名為「省立玉里養護所萬寧作業治療中心」。寧人現在（二〇二四年五月）住在衛生福利部玉里醫院的溪口精神護理之家，並接受衛福部委託的政治受難者及家屬支持服務（臺北市松年長春社會福利基金會）的個案服務。

五十年前的當事人大多已往生，不會傷害到任何人，可將傷害減低。而且這五十年來，沒有一個人來拜訪過我，也沒有一個人知道我住在這裡。

現在我要從遊民身分回復原來身分，解除揮之不去的遊民身分。

現今又逢政治轉型，要打倒白色恐怖，作法就是捍衛人權，例如：檔案公開、恢復真相、調查過去白恐史蹟點、打倒威權、平復司法不法。這是一個絕佳的機會，要把握！

最後是想要在有生之年，繼續為自己的政治理念奮鬥，將白恐經歷公開出版成書。希望有這麼多前車之鑑，不論哪個黨當政，都不要再重蹈覆轍。

第三單元

所見所思

療養所內其他白色恐怖的當事人

彭道淋：民國十六年生，廣東省茂名人，留學德國，曾任國立編譯館編審，五十七年出版《中國現代化問題》著作涉叛亂嫌疑，五十八年不起訴處分。[87] 七十七年五月十九日出院，經法務部調查局同意出院。那時我們吃的是糙米飯，他不吃我們的伙食，因為他有兩百萬存款，他都叫調用[88]替他買白飯。他每天拿個放大鏡看書，戴著瓜皮小帽，很少與人交談。我跟他相處兩年，直覺就是這個人沒有病。

許席圖[89]：民國三十四年三月三十日生，雲林縣人，政大企管系二年級肄業。他的統中會，主張實行統一主義、摧毀共產暴政，反對臺灣獨立，推翻國民政府。以統一中華為宗旨，中華文化為依歸，師法自覺會。五十七年七月，情治單位接獲密報，成立七一一小組專案進行調查，確定為叛亂組織，五十八年二月十日採取行動，逮捕許席圖

87　依判決書，該書於一九六八年六月出版。一九六九年五月二十六日不起訴處分確定。

88　早期因養護機構的醫病比例極為懸殊，不得已只好請功能較好且病情穩定的病人，協助機構的部分日常作息的勞務運作，統稱為「調用病人」。

89　許席圖，一九四五年生，雲林北港人，因籌組「統一事業基金會」（統中會），一九六九年七月八日被以《懲治叛亂條例》第2條第3款「預備或陰謀意圖破壞國體、竊據國土或以非法之方法變更國憲、顛覆政府，而著手實行者」起訴。一九七〇年七月宣告心神喪失，停止審判。

等人。五十九年四月十八日看守所所長呈報，處長范上校表示許席圖患有輕度的精神異常，日趨嚴重，最後因心神喪失停止審判，送往玉里養護所（六十六年五月十九日）到今天（一一一年四月一日）住院四十五年。

孫光炎[90]：與孫立人同派，屏東機場兵變事件被抓，玉里養護所去世。

侯曾植[91]：師大英語系畢業，他用英文信經路透社轉鄧小平，「趕快解救、解放臺灣，我們很苦」。寫三次，都被情治單位截獲。他爸爸是政治部中將，把他弄到這裡來；他爸爸的建議書說他兒子精神有問題。他非常挺我，直到我出院。

李賀林：綠島轉來的，因為在綠島老是跟人打架、發牢騷。這個人厲害，他以前是新竹調查站站員，東北人。他動不動就說，「我結婚某個人送多少，宋美齡送了五萬元，某某人牆頭草隨風倒，某某人是……」

王林[92]：珠江投水游到香港，大陸災胞救濟總會把他送到玉里養護所做技正，每個月

90　郭廷亮案，一九二八年生，湖北人，一九五六年九月二十九日終審，有期徒刑十五年。

91　侯曾植，約一九二九年生，南京人，臺灣省立師範大學肄業。一九五四年底因患肺病，曾連續上書總統要求賞賜美金二十萬元治療費，並自稱為第╳任大總統，將來當奉總統為國叔，及收回琉球群島向總統祝壽。送臺北市仁濟醫院確認有精神疾病相關症狀。一九五六年六月上書總統陳述如何反攻大陸之軍事建議，包括建議劫收美國軍艦並派兵遠征菲律賓等，並要求聘為國策顧問，並晉升父親官階。六月十九日經臺灣省保安司令部拘傳到案訊問，七月四日保釋交其父侯成中將領回管束。一九六四年，因「以其他方法使軍人逃叛」被判處有期徒刑五年，且執行完畢後需另入處所施以監護三年。一九六九年後應已開釋，目前無資料顯示何時、何故前往玉里養護所，但極為可能與反動言論有關。

92　有一位當事人亦名王林，一九三四年生，臺北縣人，鹿窟基地蕭塗基案，一九五五年五月五日終審，有期徒刑八年。與此處陳述不符。

還有薪水。以後瘋掉，每天喊槍斃、槍斃，還有「啊」這樣叫。他留了長髮，天天塗油、梳頭。我想他可能是替老共工作，老是在我周遭陰魂不散！

其他：陳新、鄧永龍、林建良[93]、張明德[94]、王競雄[95]、余洪興、張玉才[96]、錢炳安[97]、陳炳庭[98]、方菁[99]、孫慶玉[100]……有的有點印象，但不知道是什麼案子。

---

93 林建良，一九三七年生，臺南新化人，為李義成碗公會案之林維賢（一九一八～一九九七，一九五三年依「明知匪諜不檢舉」及「共同連續私運應稅物品進出口」，判處有期徒刑六年，服刑三年）胞弟。林維賢之子林俊安口述叔叔林建良精神異常，會打自己的父母。有時也會喊口號，罵蔣介石，在家牆上亂寫反政府文字。聽說因家貧，打聽到玉里療養院可安置，便找憲兵到家裡來，使之成為政治犯，強制送到花蓮縣玉里療養院，二〇一一年九月病逝於玉里。

94 張明德，一九二五年生，廣西靖西人，一九七四年五月二十五日終審，連續以文字為有利於叛徒之宣傳，有期徒刑四年。

95 王競雄，一九三二年生，安徽壽縣人。一九七二年十二月二十五日被捕，一九七三年三月以《懲治叛亂條例》「預備以非法之方法變更國憲、顛覆政府」判有期徒刑十年，送綠洲山莊服刑。一九七五年蔣介石去世，減刑為八年六月。一九七九年八月二十四日刑畢未遭釋放，送臺灣警備總司令部綠島地區警備指揮部第二大隊第六中隊強制工作。後因他分別在隊內和禁閉室，對大隊輔導長等人發表「共產主義比三民主義好」之言論，被視為「有利於叛徒之宣傳」。一九八〇年再判七年，發交花蓮監獄執行，並因妄想症而於陸軍八〇五總醫院療養。九月十八日起拒絕飲食及注射營養劑，十二月二十三日送省立花蓮醫院住院。後轉往花蓮玉里療養院（起迄時間不明）。其兄嫂王龔仁華表示他最後保外就醫時，以自縊了結生命。

96 張玉才，約一九三〇年生，四川永川人，業高雄港務局司機，依大法官68號解釋，於一九四五～一九四七年間參加叛亂組織，處有期徒刑十年。

97 錢炳安，一九四三年生，浙江杭縣人，計程車司機，一九八四年於工作時向乘客散發其署名之「建設一個統一完整強大和平的中國」打字影印兩頁傳單，判處交付感化三年。

98 陳炳庭，一九一七年生，湖北孝感人，一九七二年因竊盜等案件在臺北縣警察局永和分局刑事組辦公室偵訊及押解臺北地方法院途中，高呼「毛主席要來收拾你們了，你們一個也活不了」、「毛澤東萬歲」等利匪口號，處以有期徒刑十年。

99 方菁，一九二二年生，福建雲霄人，自由論壇雜誌社社長，一九五〇年因「連續以文字演說為有利於叛徒之宣傳」判刑八年。

100 孫慶玉，山東濟寧人，依判決書於一九六五年以殺人罪判處有期徒刑八年，「並於刑之執行完畢或赦免後令入相當處所施以監護叁年」。據魏廷朝所著《臺灣人權報告書》中謝聰敏所說，孫慶玉為計程車司機，因開車闖進蔣介石官邸被抓，以叛亂罪判刑。

我對療養院的看法

我的症狀是孤僻、冷漠、不合作、多疑、幻聽、自言自語、隨時都有被迫害或被擺暗道、過度的警覺、不信任。

我做人有三原則。第一原則：獨來獨往、不組兩人以上的團體。第二原則：不相信任何人（親生父母的話都不用相信）。第三原則：任何人都不能同情，我自身難保，就是親生父母倒在我旁邊，沒有人養，我也不理他，因為我自己也養不活我自己。我為什麼養不活我自己，就是我父母教子有方。

我做事也有三原則。第一原則：爛攤子、爛汙自己收，我年老多病，歪手歪腳，人手不夠是你家的事，假若我幫你一次就會有第二次、第三次，越幫越多。第二原則：有關責任倫理，絕對不能越級做事，像是如果你是某班長產生了一個新的做事構想，那你要想一想，你的同事、你的上司，願不願意同你跟進。第三原則：做事要有時間觀念、安全觀念，才能事半功倍，也要具備法理基礎的觀念。

所以，我在玉里醫院萬寧院區和其他的住民不一樣，雖然獨來獨往，但是我能夠自理生活，每天吃藥、復健、吃飯、休息，就像正常人一樣。如果不是住在醫院，很難看出和正常人有什麼區別。

我覺得遊民收容所和精神病院在解嚴前後，日常生活管理方面沒什麼區別。接近解嚴那時候，坦白講，有政治犯身分的沒幾個人。

我觀察到的醫療問題，主要還是在醫療管理方面，包括：一、醫師沒開醫囑單、護理人員沒有尊重醫囑。二、病情反映不實在。三、掛號看診、治療時，故意刁難的問題。四，裝藥封袋時的問題。五、餐前、餐後藥沒照醫囑發，或有藥不發給你、拖時間發藥。六、點名交班的問題。

醫護人員對病患，以及病友對病友之間都常有暴力事件，從以前到現在，我被打過好幾次。我都是打不還手（如果還手那還得了），此外也有人抹黑我偷東西或罵我。這些生活管理的問題，讓我的精神病院住民生活緊張兮兮，都應該要改進。

一天天溫習功課照顧好自己

我現在天天都要溫習功課，不同時段溫習不同功課。早上時我會溫習玉里醫院這個月的重要活動，如果是月初，就要溫習上個月重要活動。大概晚上七點到八點，我一定要溫習中國近代史。能溫習多少就多少，但是有分進度，溫習完再從頭開始溫習下去。

其他有關各科看診的醫療問題，這些問題都要研究、記錄起來，還要追憶。要是有一天又發生同樣狀況，像是護理人員問我血糖怎麼還這麼高，但我也沒有亂吃東西，這就要為自己辯護一下，「我本身沒有問題嘛！大概是那個器材有問題。」不然可是嚴重的問題！

我每天都溫習這些功課，因為防人之心不可無，若不記清楚，被刁難的狀況時常發生。

我在精神病院住了四十多年，待過十三家精神病院，不論到哪一家醫院、哪一個病房、哪一個園區，日常生活管理的問題都是這些。我以最大的包容力，不講話，表面上看起來日常生活管理方面都還不錯，就這樣過去了。

有些要溫習的功課，是以前發生過的事情。例如：三十七年，我兩歲時，我爸開車，經過高雄市陸橋，我媽與我坐後座，左車門沒關，我頭滑出去，我媽拉住我的衣袖，頭部在地下摩擦，縫五針，現在左腦還留疤痕。五十六年，我當少尉，坐計程車回家，到家門口下車，司機居然開左車門，劃傷左小腿四公分，還留下疤痕，而這也是左車門出事。

六十四年，我在鴻福樓帶過的小弟，在海味珍當領班不到一個月，臺灣啤酒少五箱，廚房師傅抹黑他有問題，他來找我，我替他出面討回公道。廚房師傅要廢我左手肘，把我弄到左手脫臼。當時正逢蔣經國侍衛群在ＶＩＰ室聚餐，聞聲出來，又因為他們認識我，就保護我離開餐廳。

六十六年有一位不知名人士騎機車，從我左腳腳掌上壓過去，我爸不願意處理，叫維新補習班老闆拿一萬元給我住旅社療傷。

六十七年，萬華分局長替餐廳處理沒付帳事件，刑事組長用苦肉計，朝我打兩拳，我倒在地上，來安撫安迪西餐廳陳澤經理，讓他不要告我。

也是六十七年，我在大使酒店，不知什麼原因，被打得鼻骨骨折，我向南昌街派出所報案，酒店經理來派出所解決。

六十九年七月上旬傍晚，在臺北市南陽街信陽街交界口，有兩位暴力分子從右方衝出來，用鈍器打我左眼，打出一個洞。幸好左眉骨擋住，雖然流血很多，但沒大問題。這件事有南陽街開水果行的韓國華僑為證人。

我對政經的看法

我對宗教信仰的看法是要尊重任何宗教，因為都是勸人為善。宗教與宗教之間不要互相排斥，多做交流。另外，也不要迷信、排斥複製人，更不要干涉當地國家的內政。

我現在支持統派的國民黨，因為民進黨不承認臺灣是中國的一部分，所以我們就是敵對的。雖然我曾說過「臺獨海外聯盟萬歲」，那是因為八十九年海外已經由口說臺獨進行到行動臺獨，更進步到法理臺獨，中南美洲至少有一個國家可以使用臺灣國護照[101]，主要目的是刺激島內臺獨由口說進步到行動臺獨、進步到法理臺獨。我要刺激島內臺獨，白恐的國民黨才會緊張！只有聯共打獨政治轉型，與北京做戰略上的伙伴，才會雙贏。

我在良仁醫院期間，寫了幾篇論文，包括「為什麼反攻無望」、「大世紀驗票必敗」、「李登輝的修憲」、「九十三年三一九槍擊案真兇探討」，所以國民黨恨透我了！

他們恨我，最主要的原因是高雄五一一正名運動[102]，手撕國旗，腳踩五星國旗。我後

---

101 臺灣共和國護照是一些支持臺灣獨立運動的人士在二〇〇一年三至五月間所印製的「護照」，並於二〇〇一年五月十七日召開記者會，聲稱已經獲得巴西等國簽證，但其真實性被人懷疑，認為這是「模擬護照」。中華民國政府認為這是「虛擬護照」，而且已經向各國聲明此護照並不被承認，也不具實際效力。

102 二〇〇二年五月十一日由前總統李登輝先生擔任名譽總召集人、臺灣本土社團、民間團體發起的「五一一臺灣正名聯盟」，訴求係以臺灣為國名、以臺灣名義加入聯合國。號召全國民眾走上街頭。次年九月六日發動第二次大遊行。

來決定終止和臺獨戰略夥伴關係，直到現在我非常讚佩馬英九的直航、採認大陸學歷、開放大陸觀光、開放人民幣臺灣區使用、ＥＣＦＡ的簽署、蔣經國廢除戒嚴令、開放老兵大陸探親(包括郝柏村)。所以為了表達我聯共打獨的誠意，我才公開唱：「共產黨好、共產黨好，共產黨是我們的好領導；新國民黨好、新國民黨好、新國民黨是我們的好朋友。」

我未來的政治理念有以下幾點，想讓大家知道。我相信我自己的ＩＱ、ＥＱ，不會走錯路線：

第一點：我和馬英九的路線一樣，都談政治轉型，聯中共、打臺獨。

第二點：族群的整合，血統的融合，國家與民族的統一，這種工作要穩紮穩打，不能強求，我們這一代完成不了，交給下一代。

第三點：臺灣獨立必須具備五個條件。(一)臺灣獨立的思想與運動絕對不能停止。(二)臺灣獨立公投成功。(三)要有百分之九十五的聯合國會員國承認並替你背書。(四)一定要等到中華人民共和國的政權快崩潰的時候才有希望，美國、新加坡、馬來西亞、澳洲、紐西蘭都有前例，西班牙內戰後拉丁美洲也紛紛獨立，現在英國的愛爾蘭每年都有一次獨立公投，成功的話，就可能脫離英國而獨立。(五)就是從母國脫離，還要跟母國來往，否則母國總有一天併吞你。

第四點：凡是在臺灣出賣自己的同胞，打自己的祖國，都沒有一個好下場。當年老蔣的軍事政府要特權貪污、軍紀太差，又沒有戰鬥力，所以韓戰、越戰都敗給老毛，反攻大陸成泡影。

第五點：臺灣一國兩制開始的時候，我預測會有三個黨。第一個黨是政黨整合三合一，也就是新國民黨、親民黨、新黨，對北京是百分之百合作。第二個黨是台聯和民進黨政黨二合一，黨名可以叫做「新民建聯（新民主建台聯盟）」，對北京只有百分之七十合作。剩下來的就是民主黨，對北京市百分之百的不合作。這些都是我政治上的遺言。

第四單元

一個精神療養院住民的紀錄

＊寧人表示，寫下這些過去在各個醫療院所在生活管理上的紀錄，他的意圖是提醒醫院的制度應該要改善，而非要追究醫院或個人的責任。此外，從過去到現在，醫院的制度確實在改善中，現在已有比較好的照顧環境。

十二月至隔年二月

診斷書「妄想型精神分裂症」[103]。症狀有多疑、敵視、聽幻覺、被害妄想、自大狂、拒食、冷漠、無語、無信任感、無安全感、過度警覺。建議：宜長期接受藥物和心理治療。

高市遊民收容所送到凱旋，大夜班護士扁我兩次。以為我睡不好，給我打睡眠劑，我第二次睡覺都醒不過來，劑量過重。

八月中旬

病友外宿五天[104]，回來帶兩斤紅茶送我。我泡得很快，兩天全部吃完。因為我十五年

103 此為精神分裂症的早期診斷的其一亞型分類，指稱患者具相對穩定的妄想或執念，並常伴隨有幻覺、幻聽或感知失調。二〇一三年美國精神醫學學會已將相關的亞型（妄想型、僵直型、混亂型）去除，因此分類對治療的效益不大。二〇一四年起，為了去汙名化和更正認知，臺灣衛生福利部已將精神分裂症更名為「思覺失調症」，凸顯此為思考和感覺失調為核心障礙的身心疾患。

104 經評估病情穩定且已完成正式請假手續的住民，可自行或由家屬陪同外宿至返回機構。

沒碰茶，情緒亢奮睡不好，這是正常現象。護士帶我去門診，醫師要給我開藥，我說：「茶已經喝完了，再觀察兩天，如果情緒還是很亢奮，再給我開藥可不可以？」結果醫師給我的藥，晚上九點吃完，到早上九點藥效才退。這八個小時內，我上兩次小號，走路都東倒西歪、跌跌撞撞。這藥我吃了一年，我要求醫生停藥，他才答應！

二月十五日

目前意識尚清：言語散亂，言論荒謬，行為衝動，無病識感，執迷不悟，拒絕接受教育，且欠積極合作。

下半年

養護所要舉辦大陸日用品展覽，詢問我有沒有意見。我說最好不要舉辦，因為你把最好的日用品展覽，老蔣說你為共宣傳；你把最壞的日用品展覽，很多人不會相信。

五月下旬

新八轉玉三，半夜兩點半，有一位調用，用毛巾堵我的口鼻，叫我喊「中華民國萬歲」，否則要悶死我。我當時有一支黑色錶帶的手錶，是八十九年六月底在玉里民族路順福月堂錶行用七百元買的，他也趁這個機會幹走。

醫師因為我的體溫攝氏三十七點二度，又沒經過初步處理，填粉紅色單轉院，但被主護[105]看到而被阻止，沒成功轉院。

護士不在辦公室，當班時都叫調用替他發藥。護士在辦公室，他當班都是自己發藥（但是他怎樣發藥？）。叫名發藥，連續叫三十五個人領藥，還罵：「你們怎麼不按我叫名的順序排隊！」剩下三十五個人還沒吃藥，他說：「還沒吃藥上來領藥！」現場很亂，要改進。

大夜值班，都在看電視，地上一大堆菸頭。

我開刀換人工關節，復健沒有助行器練習走路。結果出了問題，沒有辦法散步，他硬要我散步，但是跟不上隊伍，他趕我、叫我跟上隊伍。我實在沒有辦法，坐下不理他。他罵我混蛋，我說你建議醫生開混蛋藥給我吃。

上半年

早上洗澡出來，要照電風扇式的暖氣十秒，我不願配合。旁邊有人說：「要照比較暖。」我回說：「照暖氣更暖。他媽的！」他火大說：「我媽沒有惹你，為什麼罵我媽！」我說：「我罵我媽，罵我祖宗八代，就扯平了。」他兩拳把我打到地上。

105 此為病房內的護理照顧的責任制管理措施，每位病人會分給一位主責自己病情和日常生活適應協助的護理師。

六月四日

早上六點半，新七調用送藥給我，說主任[106]給我加一顆化痰藥。我說我根本沒有感冒。問過護理長，他說我可以不必服用。

七月一日

我糖尿病的藥不夠服用，班長[107]說是因為我的處方箋遲兩天才送到藥局。

九月九日

下午四點半，我在新七廁所左邊第五間用晚餐，有人進來要我讓他位子，他要偷抽菸。我說：「要是讓你，還要搬餐盒，很麻煩、不方便，你去第四間。」他就打我三十分鐘，我沒還手，還手更慘。左胸上部打到瘀青，也沒有塗藥，二十五天後才痊癒。

四月一日

醫師加一粒情緒穩定劑，告知我副作用沒有嗜睡，其他沒有說。但結果害得我好慘，沒心理準備。

106 這裡的主任應該是指負責該病房的主任級的主治醫師。因病人除了常規的精神科看診外，平日若有感冒或機構醫師尚可處理的內外科疾病，會經診治後出現臨時性的藥物或護理措施的調整安排。

107 住民對照顧服務員的日常稱呼。

四月七日

早上九點護士抽血，九點半另一個護士又抽一次。原因是裝血液的管子壞掉。

九月二十五日

早上十一點二十分，班長把我打得半死，我沒回手，他打得沒力氣才停止。

二月一日

下午四點，剛從玉一棟來萬寧三B的第二天，病友暴力我左右頰兩拳事件，不知什麼原因。當班護士給他打針，他睡兩小時後醒了沒事，我塗藥二十天才好。

三月

有人又故意找麻煩。上半年某日早餐畢，我習慣性由二桌移到一桌。開窗子大約二十公分，呼吸新鮮空氣。他離我那麼遠，卻叫我關窗，說會冷。小題大作，吹毛求疵，我馬上跟他理論。我說：「二〇一一年九月九日你暴力我的事忘了？」結果護士說：「寧人你不要講了，影響大家用餐的情緒，吃飽到護理站再說。」我說：「我現在說，全部病友都聽到，才會瞭解是什麼事；到護理站說，只有妳一個人知道。以前有人向我潑白漆，我要換位子，妳還要我簽契約書，說至少要坐滿一年以上。否則我也向聯華潑白漆，你們才會重視這個問題，不公平！」

十二月十四日

發炎，全部抽血，部位是右手肘下方靜脈。結果大漏針[108]匆匆處理。兩天以後，抽血部位又青又腫面積很大。

七月一日

晚上十一點二十分，小夜班班長用電蚊拍打我人工關節，正巧我醒來把腳挪開，沒打到，碰地一聲把旁邊的病友吵醒，躲過一劫。

八月十八日

星期天下午四點交班點名，我從D1的小餐廳到大餐廳[109]，剛要坐下，廣播今天不點名，改量體重、血壓。

---

108 靜脈注射時，治療藥物不慎外漏至皮下組織，導致該組織發生浸潤，造成局部的肌肉組織紅腫瘀青的損害或壞死。

109 寧人曾居住的此棟病房，為ㄇ字形可供一百人居住的慢性精神養護機構，其指稱的「大餐廳」正位於ㄇ字型的中央位置，可供所有人集中用餐的座位區。其指稱的「小餐廳」應該是在此用餐區旁側的走廊側邊區，擺放電視和簡易沙發、桌椅的休閒區。

八月十九日

星期一下午四點，不廣播點名，直接現場點名。[110]有人緊張了，馬上補廣播點名，大家餐廳坐好。

十月十四日

星期一早上點名，廣播點名，我馬上由後院到餐廳。剛要坐下，有廣播說不點名、大家去睡覺，我馬上回到後院，用睡的方式溫習功課！

三月三十一日

下午五點廣播衛教[111]，分三批。第一批連續廣播了三次，我都沒有理它，因為晚餐回寢室後抽不出時間。而且小夜班的班長之前故意擺我暗道，結果四月七日回來又找我蓋指印[112]。

110 因一百人居住的空間不算小，工作人員平日找住民時多會透過廣播系統叫喚住民前來醫護站；另為了管理人數的需求，每日的早午晚照服員班長會按常規讓住民集合點名，以確認沒有人失聯。

111 為了衛生健康促進的需求，病房不定時會透過衛教的方式，教導住民採取促進健康的各種良好習慣，一般會待住民集合時的空檔進行，少數才透過廣播進行。

112 寧人自述早期曾在良仁醫院時因橈骨受傷導致長期無法寫字，後來皆以蓋手印來代替簽名；不過自二〇二二年二月起，他為了書寫自己的自傳，已努力克服此困難。

四月八日

1D搬2C到現在，還沒裝床前病歷卡[113]。鎖也沒裝[114]。

四月十六日

早上八點四十五分，晚上睡前時常叫兩個調用發藥。她兩手插腰，耍老大站在旁邊。時常一邊量體溫，一邊發牛奶，現場亂成一團。

四月二十九日

下午四點十八分，國民黨黨慶。有人有時候故意擋路。

五月二十一日

早上十點，兩個病人發病，抹黑我偷他的手錶，護士也不問青紅皂白，把我手錶硬脫下來。我說是我的，妳處理不公，公報私仇也沒關係。她說交給心理師處理[115]。下午兩點三十分心理師瞭解狀況，知道我沒錯，他說他不介入。

113 此為置放於每位病人的床頭或床側，標示其身分基本資訊的牌卡。

114 每位病人除了單人床外，尚配有衣櫃和床旁桌椅，寧人可能是指其相關櫃門的鑰匙並未給他或已損壞但未修繕。

115 通常當住民出現情緒行為問題時，除了評估是否轉介給醫師調藥外，也會轉介給心理師（臨床心理師），透過個人或協同會談、行為治療、系統處遇等方式，協助住民調適，改善情緒行為。

七月一日

下午四點五十五分，有人在隔離室前故意擋路；我吹口哨，氣得他離開。有兩次我正要通過走道，他馬上屁股翹起來朝外，阻止我通過。我故意大聲說「借過」，他故意裝著很怕我的樣子離開。所有的病友都親眼看到、聽到。護理長規定：距離廁所遠的小夜，在早上九點前可以在寢室前放尿桶，不要用臉盆裝尿。清洗的時候，兩手碰到尿液，時常得尿疹，要塗軟膏。護理時常廣播用刁難方式，以後不准在寢室用臉盆尿尿。

十一月一日

五倍券只要有簽名，全部都入帳，這是院方的政策，每個人都有。

十一月八日

因為鋒面過境，腳跟會裂開，我請他幫忙買凡士林一瓶四十五元。他說：「不行，要等日用品補助款下來。」我說：「誰知道什麼時候下來?用我的兩千元買。」他說：「不行，凍結你的兩千元存款。」他公報私仇。

十一月十日

早上十一點護士轉介我到耳鼻喉科看診，叫醫師開皮膚病的藥給我，要不然轉介神內科開皮膚科的藥給我。原因是皮膚科醫師還要等一個月。

十一月二十五日

早上六點廣播起床放音樂，十點三十分中餐才洗手，十點四十分發罐頭[116]。下午四點的班，應該要廣播量體重、血壓，她時常不願意廣播，推給同事。有的時候餐前洗手也取消。

一月十五日

中餐一盒沒貼餐卡[117]，交給他處理，他沒處理。

一月十七日

晚餐洗手取消[118]。下午五點三十分廣播時電視機要關掉，否則叫名聽不清楚。但是他發藥不是叫名取藥，而是「自動式領藥」，看一個發一個，不出聲。最後幾個叫名取藥時，包括我，他又廣播現在可以看電視。為了整我，他用這種方式。他叫我名，聲音也要提高，

116 住民每週會有一次去院區內的福利社購物的安排，這是多數住民每週最期待的活動。因住民中餐規律於十點半左右開餐，故若有買罐頭者，會於此時領取使用。

117 目前住民餐食都由外包的餐廚製作。因住民有不同年齡和健康需求的差異，除了普通伙食外，尚有針對糖尿病、減重、牙口不好等需求製作的治療伙食，會於個人餐盒上標註名字和餐別。

118 病房要求每餐用餐前，需督促住民完成手部的清潔衛生或至少用酒精消毒，此處不曉得為何會出現洗手取消的情況。

我才能聽到，因為距離最遠。他自己整自己，原因是調用站在旁邊幫他發藥時聲音宏亮。我說謝謝，他聽了有點不爽，認為我在戲弄他叫名的聲音太低。

一月十九日

晚上五點三十分的藥，護理長親自要求他，發藥要按現在的規定（全部坐好，叫名取藥）。但是八點三十分的藥，護理長下班了，他又陽奉陰違，讓我們全部跑到前面自動領藥。

三月二十八日

下午三點，人權館七個小時錄影專訪結束，酬勞一萬兩千元全部存入我的帳戶。一查戶頭只有兩千元的存款，五倍券五千元沒有存入戶頭！

四月二十日

晚上八點三十分的藥也是陽奉陰違。

一月十四日

中餐前洗手、運動、發罐頭，全部取消。

二月十日

晚上八點三十分左右，不知什麼原因，有一個病友暴力我兩次，我沒有反擊，他不敢打下去。他沒有理由，而且他發病，抹黑我，說我的衣服全是偷的。他罵我是小偷、共匪、匪諜。

三月二十六日

早上七點，有人在護理站內偷抽菸，我經過時，嗅到很濃的菸味。

寢具是幾年洗一次。

晚上八點，精神科睡前藥物因為「張冠李戴」，A早上爬不起來，全身無力坐輪椅，小便尿不出來。

四月二十九日

早上五點，大夜開燈睡覺，睡在椅上用躺的；我經過時親眼看到。

四月三十日

早上八點三十分發藥的時候，有人在護理站遙控我旁邊的電視，發出高分貝的噪音，干擾班長發藥叫名的聲音。營養師沒開奶製品給我的時候，他時常利用奶製品刁難我。

五月一日

早上五點五十分，大夜早上起床的時間沒按規定。大夜班睡覺，護理站熄燈，裝啞巴。早餐餐車來了，也不招呼早餐。早上八點三十分的藥，提前服用，也是拖時開發。早上餐車來了，藥還沒發完。病人發病有約束性的行為[119]，也不做處理。睜眼的瞎子。醫師下午一點三十分看診，不是早上看診的大夜。

五月三日

下午一點四十分，班長還沒打招呼廣播起來吃藥，一個坐輪椅病友叫大家吃藥，每個寢室趕人。雖然我沒有藥，但是他還不知道先發隔離三十八位病友的藥？還是先發沒有隔離病友？下午兩點，這位坐輪椅病友推輪椅到我寢室，叫病友吃藥。

他曾有兩次前科紀錄，用輪椅撞到我。

我跟他說：「你太小題大作，有這麼嚴重嗎？班長大還是你大！班長還沒有打招呼。」類似這種狀況，每天有十次以上。他說是班長叫他這樣做。我說：「班長叫你上吊，你也上吊嗎？」

---

119 精神科的病人在急性發病期間，可能會出現無法自制的情緒起伏、行為混亂，甚至攻擊他人或自傷的危險行為；此時若已給予相關的針劑藥物，提供基本的會談處遇仍無法改善時，只好採取保護性的約束方式，視程度將病人的雙手、雙腳或胸部磁扣約束起來，此須獲得醫師的醫囑和住民的知情同意方可執行，且過程需由護理人員密切觀察病人的動態，時間到即予以解除。

我說：「這樣下去，後遺症就會發生，以後大家都聽你的才有動作，不聽班長的廣播打招呼，有一天班長火大了，他就會罵班長大還是調用大？班長拿薪水的還有識別證，調用是奴才，這種狀況我時常碰到。」

結果睡我旁邊的病友還在睡覺，說我再說的話要打我，還說我把他吵醒。我問現在是睡覺的時間嗎？他起來衝向我，用椅子打我，還把椅子架在我頭上。我不能動彈。最後把他一推，跑到護理站，沒看到班長，我就叫護士，大叫四聲，護士才出來，愛理不理的（這是她的老毛病）。問我怎麼一回事，我就把剛才發生的狀況重新說一遍。

打我的人，不承認我說的。我說馬上看監視器作證。護士說新規定，不能看監視器，要看很麻煩。那我說我沒路了。他又不承認，他說作證再吵，約來打針。我火大了，把外套一脫，找護士作裁判。結果他承認用椅子打我，架在我頭上不能動彈。

護士說交給醫師處理，我就離開回寢室。結果處理方式是調寢室。

我平常都是打不還手，也不敢口吐三字經。

五月二十八日

主任開感冒咳嗽膠囊二十粒，分五天服藥，每天四個時段。結果服用七天差一粒，影響病情的痊癒，又沒尊重醫師的醫囑。

致謝

感謝諸位先進的協助！沒有你們的支持，我平反路上的任何一項權利回復都難以發生！因為你們，我的晚年有了「第二人生」的可能與落實（雖然還是晚了）！願這「轉型正義」的小小果實並不只是我個人的苦澀收穫，而是我們集體社會的民主深化的必要開拓。

一、協助我確認政治暴力受難者身分的李思儀女士。

二、邀請我成為碩士論文《看不見的白色恐怖：再現身心障礙者與人權博物館》的受訪對象之一的吳佩儒女士。

三、衛生福利部玉里醫院的王作仁前院長，應允並協助我接受國家人權博物館的紀錄片拍攝；萬寧院區的樂哲麟醫師主任，參與紀錄片的訪談並帶領病房團隊提供的各種照顧；溪口精神護理之家的呂元惟醫師主任帶領的醫護照服員職心社團隊，對我的整體照護。

四、紀錄片的導演謝鎮安、製片李至堉、攝影曾博綸和吳過，企劃／採訪／撰稿的吳佩儒、李思儀兩位女士，及顧問陳進金副教授。

五、協助我齊備並繳交平反申請資料給法務部的國家人權博物館的諸位工作人員。
六、協助我完成平反申請和後續相關作業的法務部的相關工作人員，及財團法人威權統治時期國家不法行為被害者權利回復基金會的幫助。
七、兩位與我素昧平生，但在聽聞我的故事後，自願無償擔任我的自傳編輯的田書菱和鍾瀚慧女士，你們協助我將手稿打成逐字稿，進行上百個備註的撰寫，在我的主觀陳述和讀者的可讀性間進行必要的編輯，後續還協助我申請到國家人權博物館的出書補助！謝謝奇異果出版社的廖之韻總編輯的賞識和你們同仁的辛苦作業！
八、協助本書校對的何雪綾、黃齡萱；撰寫注腳的黃齡萱、彭聲傑、鍾瀚慧；審稿的陳進金副教授。
九、賜序的徐偉群、吳易叡、陳進金、彭聲傑四位先生。
十、二〇二三年十月起，衛福部委託財團法人松年長春基金會設立「政治受難者及家屬支持服務的臺北據點」，將許席圖和我納入你們的個案服務。謝謝你們幾乎每個月都來訪視我們，提供經費並主動積極和院方合作討論，讓我們獲得提升生活品質的資源和照護！同是受難者的呂昱、劉秀明、黃英武，謝謝你們多次來看我！我感念於心。二〇二三年年十二月四日，首次有人陪我進行對內不公開的「受難見證」（我的紀錄片的播放），當天出席的人：呂昱、劉秀明、何雪綾、彭仁郁、林香如、李宜庭、田書菱、鍾瀚慧、黃齡萱、彭聲傑。謝謝你們的現身在場！被我暱稱為「香香噴噴」的臺北據點的林香如執行長和李宜庭督導社工師，及易邵芸個管員。你們幫忙我甚多，我都放在心上。
十一、彭聲傑臨床心理師，謝謝你一路陪我走到今天，我想對你說的話和心情你都知道。
最後我想跟大家說，我心中已經沒有仇恨了，我也不曉得哪一天會死？這一切都會過去的。謝謝你們所有人！希望讀者會喜歡我這位老頑童寫的書！希望還賣得動！
祝：大家健康平安！不論臺灣誰執政，都不再有白色恐怖！

寧人
二〇二四年六月二十日

附錄：寧人年表

1946 年

3 月 8 日：出生中國湖北省朱家鎮，籍貫江西省餘江縣，父親寧忠源為之取名為寧志遠。

10 月：和爸爸、媽媽、小舅舅抵達臺灣左營海軍基地，住在海軍眷村崇實新村。

1948 年

大弟寧民出生。

1949 年

妹妹寧一出生。

1952 年

小弟寧心出生。

1958 年

從左營海軍子弟小學畢業。

＊報導者 https://www.twreporter.org/a/opinion-political-prisoner-ning-jen

1961 年

從臺灣省立高雄高級中學初中部畢業。

1964 年

從臺灣省立左營高級中學畢業。

＊調查筆錄 A305440000C=0070=1571=012=0001=virtual001=0011

1965 年

就讀海軍士官學校電子通訊科，收發報 6 個月後畢業。

＊報導者 https://www.twreporter.org/a/opinion-political-prisoner-ning-jen

1966 年

分發到東海艦擔任下士報務員 6 個月。

＊報導者 https://www.twreporter.org/a/opinion-political-prisoner-ning-jen

11 月：就讀陸軍官校專修班 14 期。

＊調查筆錄 A305440000C=0070=1571=012=0001=virtual001=0011

1967 年

7 月：從陸軍步兵學校初級班畢業，分配至花蓮，擔任陸軍步兵五十一師一五三團少尉排長。

＊開釋證明書 AA05000000C=0069=1523=063=0001=virtual001=0017

1968 年

10 月 10 日：參加馬防部反共演講，榮獲軍官組第一名。

11 月 1 日：五十一師移防馬祖接替防務。

11 月 11 日：加入國民黨。

1969 年

6 月：自馬祖移防臺中大甲鐵砧山。

1970 年

原五十一師改編廿一師七十八旅，自馬祖移防臺灣苗栗大坪頂。

＊開釋證明書 AA05000000C=0069=1523=063=0001=virtual001=0017

1970 年

5 月 16 日：因家中開設之永大砂石行倒閉及準備結婚，向長官請假未果。晚點名後自駐地大甲離開，投宿大甲旅社；軍隊通報其擅離職守。

＊陸軍步兵第廿六師司令部判決（59）棟生判字第 22 號 AA05000000C=0069=1523=063=0001=virtual001=0008

5 月 17 日：赴臺中訪友曹黔漢，曹離家時，拿取曹之身分證。

＊陸軍步兵第廿六師司令部判決（59）棟生判字第 22 號 AA05000000C=0069=1523=063=0001=virtual001=0008

5 月 18 日：以曹黔漢身分證入住桃園永安旅社。

＊陸軍步兵第廿六師司令部判決（59）棟生判字第 22 號 AA05000000C=0069=1523=063=0001=virtual001=0008

5 月 23 日：永安旅社服務生認為其形跡可疑，通知桃園憲兵隊派員前往。

＊陸軍步兵第廿六師司令部判決（59）棟生判字第 22 號 AA05000000C=0069=1523=063=0001=virtual001=0008

10 月 14 日：陸軍步兵第廿六師司令部以陸海空軍刑法第 93 條第 2 款「戒嚴地域無故離去職役」判刑 1 年 6 月（即逃亡罪名），及 85 條「盜取財物罪」1 年，合併執行 2 年 4 月，至彰化縣線西鄉作業大隊第一大隊第三中隊（力行總隊）服刑。

＊國防部臺灣軍人監獄身分簿 AA05000000C=0069=1523=063=0001=virtual001=0002

1971 年

以少尉軍階退伍。

＊ AA05140000C=0074=1571A=2224=0001=virtual001=0015

10 月 10 日：依中華民國 60 年罪犯減刑條例，減刑 1 個月出獄。

＊陸軍第二軍團司令部裁定書 AA05000000C=0069=1523=063=0001=virtual001=0005

1972 年

在全臺各工業區、臺北各餐廳工作。

＊調查筆錄 A305440000C=0070=1571=012=0001=virtual001=0011

1975 年

小弟寧心東吳大學畢業。

1979 年

決定與親朋好友一刀兩斷、臺北市南昌街住處遭竊。

＊向陸軍監獄行政股申請開釋證明時之自述 AA05000000C=0069=1523=063=0001=virtual001=0017

1980 年

2 月：在臺北火車站後站酒後罵政府，太原路派出所打電話給養和醫院，醫院派照服員到派出所，用手銬銬去醫院，診斷為酒精精神病。

5 月 22 日：小弟寧心具保，開具保證書保證寧人由國防部新店監獄發給開釋證明書一件因遭竊遺失。

＊保證書 AA05000000C=0069=1523=063=0001=virtual001=0012

3 月至 8 月：在臺北市政府建成市場連續罵政府 6 個月，大鬧太原路派出所，又被用手銬銬回醫院。

8 月至 12 月：入住三重養和精神病院。

12 月 9 日：從養和醫院轉到臺北市遊民收容所。

12 月 25 日：朋友具保始得離開臺北市遊民收容所。

＊自白書 A305440000C=0070=1571=012=0001=virtual007=0002

1981 年

1 月 13 日：中午 12 時 30 分，在臺北市八德路一段 82 巷 2 號永奇自助餐廳內，對在場用餐者 20 餘人，公開發表「三民主義沒有共產主義好」、「中國共產黨萬歲」、「中華人民共和國萬歲」等利匪言論。經臺北市政府警察局察覺、扣押。

2 月 19 日：以（70）警檢訴字第 6 號以懲治叛亂條例第 7 條為匪宣傳起訴。
4 月 27 日：以（70）障判字第 23 號終審，依懲治叛亂條例第 7 條、刑法第 59 條，判處有期徒刑 4 年（至 1985 年 1 月 12 日刑滿），送軍法處看守所。
12 月 18 日：於軍法處看守所開始拒食不語，規勸無效，經警備總部呈報國防部核准送三軍總醫院住院檢查治療，並請其母探視。
* 公文 A305000000C=0070=1537.09=071=0001=virtual001=0005
12 月 23 日：送往陸軍八二九醫院病監住院。
＊軍法局簽呈 A305000000C=0070=1537.09=071=0001=virtual001=0011

1982 年

1 月 28 日：公文（71）障年字第 406 號呈：叛亂犯寧人於服刑期間，因言行異常，拒絕飲食，經送住陸軍八二九醫院醫療，復轉送三軍總醫院住院治療，迄今病情雖較穩定，但仍未痊癒，經鑑定結果係患妄想型精神分裂症，須長期接受治療，為維護人犯健康，已協調臺灣省警務處同意，近日內解送省立玉里養護所妥予住院治療。
＊公文 A305000000C=0070=1537.09=071=0001=virtual001=0005
2 月 15 日：住進玉里養護所（至 1985 年 1 月 12 日）。
＊公設辯護人辯護書 AA05140000C=0074=1571A=2224=0002=virtual001=0094

1985 年

1 月 13 日：刑期屆滿自玉里養護所開釋。
＊筆錄 AA05140000C=0074=1571A=2224=0001=virtual001=0010
2 月 28 日：中午 12 點在中華商場第五棟（信棟）一樓餃子館叫了四十個韭菜水餃、一碗中酸辣湯，買兩瓶紅露酒、兩包金馬菸，在長沙街巷弄內被不明人士打到雙腿不能行走。
3 月 20 日：回到童年成長地左營眷村求助。
4 月 10 日：在高雄小港臨海工業區管理中心謀職時，呼叫「毛主席萬歲」、「中共武力是世界最強的，反攻反共無望」。
4 月 13 日：在高雄市 19 路公車上發表「毛主席萬歲；臺灣在蔣經國統治下沒有前途，只有中共統一臺灣，臺灣問題才能解決」言論。遭人檢舉，由高雄市政府警察局保防室，以電話報奉警政署保防室值日官方股長暨南警部軍法室陳檢察官，並將有關資料移送南警部軍法室偵辦。
＊ AA05140000C=0074=1571A=2224=0001=virtual001=0018
8 月 13 日：以（74）警偵字第 15 號、懲治叛亂條例第 7 條為匪宣傳罪起訴。

8 月 16 日：住進陸軍 802 總醫院。

8 月 18 日：陸軍 802 醫院進行精神鑑定，認為其精神分裂症尚未痊癒。法院認定為心神喪失之人，最終判決無罪。三天後，被送至高雄市遊民收容所。

1986 年

3 月 25 日：陸軍第 802 總醫院函臺灣南部地區警備司令部，覆被告寧人是否已達心神喪失情形案，「妄想症即妄想型精神病，與精神分裂病不屬同一症狀，病名亦不相同。妄想病之主要症狀為思想脫離現實及妄念，其行為常受病情發作之影響，至於是否已達心神喪失，應依行為當時之情況而定」。

＊（75）忠德字 1074 號 AA05140000C=0074=1571A=2224=0002=virtual001=0061

8 月 6 日：南部地區警備司令部專誠字第 4762 號函發高雄市政府遊民收容所，請之予以收容寧人。

＊ AA05140000C=0074=1571A=2224=0002=virtual001=0113

8 月 18 日：以（74）警審字第 34 號終審，依刑法第 19 條第 1 項精神障礙或其他心智缺陷宣告無罪，但安置在精神病院，由高雄市政府遊民收容所收容（至 1990 年 7 月 25 日）。

1990 年

7 月：安置良仁醫院（至 2007 年 12 月 25 日）。

2000 年

4 月 29 日：至大同醫院掛號時跳上計程車，逃脫至高雄眷村。

5 月 1 日：向華南銀行總經理拿車費，搭自強號到玉里火車站，待到 9 月 11 日。

2005 年

下半年：被一男一女戲弄，動手打男性，摔倒，橈骨骨折致不能寫字。

2007 年

12 月 25 日：由良仁轉玉里醫院迄今。

2019 年

開始願意訴說自身白色恐怖的受難經歷。

2022 年

2 月：開始撰寫回憶錄。

2023 年

12 月 20 日：法務部以 112 年度法義字第 52 號處分書，公告撤銷寧人（70）障判字第 23 號判決為司法不法，並加以賠償。

寧人回憶錄：臺灣精神病院裡的白色恐佈政治犯老頑童

作者：寧人
編撰：田書菱、鍾瀚慧
校對：何雪綾、黃齡萱
注腳：黃齡萱、彭聲傑、鍾瀚慧
美術設計：王孟璇
總編輯：廖之韻
創意總監：劉定綱
執行編輯：錢怡廷

出版：奇異果文創事業有限公司
電話：（02）23684068
傳真：（02）23685303
網址： https://www.facebook.com/kiwifruitstudio
電子信箱：yunkiwi23@gmail.com

初版：2024 年 8 月 7 日
ISBN： 978-626-98827-2-4
定價：新台幣 280 元

Printed in Taiwan

國家圖書館出版品預行編目（CIP）資料

寧人回憶錄 / 寧人著 . -- 初版 . -- 臺北市 : 奇異果文創事業有限公司 , 2024.07
面； 公分
ISBN 978-626-98827-2-4(平裝)

1.CST: 寧人 2.CST: 白色恐怖 3.CST: 政治迫害 4.CST: 回憶錄

783.3886 113010182

國家人權博物館
NATIONAL HUMAN RIGHTS MUSEUM
本書承 113 年度「國家人權博物館人權教育推廣活動補助」，特此致謝。